KÖLN
AUF DEN PUNKT I

MIT FOTOGRAFIEN VON CSABA PETER RAKOCZY

Barbara Schock-Werner
mit Joachim Frank

KÖLN
AUF DEN PUNKT I

MIT DER DOMBAUMEISTERIN A. D.
DURCH DIE STADT

DUMONT

Ein Teil der Texte erschien erstmals
im »Kölner Stadt-Anzeiger«

Alle Abbildungen © Csaba Peter Rakoczy
mit Ausnahme von S. 131, 137, 138, 142:
© Hohe Domkirche Köln, Dombauhütte,
Foto: Matz und Schenk (131, 137, 138),
Foto: J. Rumbach (142)

Aktualisierte vierte Auflage 2020
© 2015 DuMont Buchverlag, Köln
Alle Rechte vorbehalten
Gestaltung: Birgit Haermeyer
Gesetzt aus der Proforma und der Nexus Mix
Gedruckt auf säurefreiem und chlorfrei gebleichtem Papier
Druck und Verarbeitung: CPI – Ebner & Spiegel, Ulm
Printed in Germany
ISBN 978-3-8321-9793-3

8 **Vorwort** *von Gerhard Richter*

Teil 1 **AUF UND AB AM RHEIN –
DIE HEIMLICHE KUNSTMEILE KÖLNS**

12 **Der spektakulärste Blick auf Köln**
– LVR-Turm –

16 **Himmelsauge im Festungsbau**
– Bayenturm –

21 **Eine Perlenkette prägnanter Pumpwerke**
– Pumpwerke –

25 **Reich verziert, aber ziemlich verwahrlost**
– Südbrücke –

30 **Hoffen auf einen pfiffigen Wirt**
– Bastei –

34 **Provisorium voller Schönheit und Charme**
– Tanzbrunnen –

39 **Auf dem Rüttelsieb am Rheinufer**
– Pflasterung am Rheinufer –

Teil 2 **SCHEUSSLICH, SCHÖN –
DIE ZWEI SEITEN EINER STADT**

44 **Kunst in der U-Bahn**
– Haltestellen der KVB –

52 **Kein Pardon für den »Prälatenbunker«**
– Kurienhaus am Roncalliplatz –

56 **Der verschwundene Stadtteil**
– Villa Lenders –

60	**Kinetik auf der Hohe Straße**
	– Otto Pienes Skulptur »Licht und Bewegung« –
64	**Schmuddelecke mit schmalem Gehweg**
	– Gebäudekarree am Roncalliplatz –
69	**Der Müll und die Edel-Clochards**
	– Erscheinungsbild der Stadt –
74	**Neun Helden mit Kampfesmut und Klugheit**
	– Skulpturen im Hansasaal des Rathauses –
80	**Lehrpfad für Architekturgeschichte**
	– Breite Straße und Ehrenstraße –
91	**Musik unterm Fenster**
	– Karibikklänge, Dixiesound und Dudelsack –
94	**Schluss mit der Taubenplage**
	– Bahnunterführungen der Innenstadt –
98	**Entstellte alte Schönheit**
	– Wilhelm Riphahns Architektur in der Hahnenstraße –
101	**Qualität außen wie innen**
	– Gymnasium Kreuzgasse –
105	**Trostlosigkeit in der Randlage**
	– Worringen –
109	**Schaltkästen sind ein Ärgernis**
	– Erscheinungsbild des öffentlichen Raums –
113	**Rätselhafte Aufkleber**
	– Geheime Botschaften –
117	**Mit Herz, Sinn und Verstand**
	– Kolumba –
125	**Muss bald der Betonmischer ran?**
	– Befestigungsmauern aus der Antike –

Teil 3 **AUGEN AUF BEIM LIEBEN GOTT –
EINE KLEINE SCHULE DES SEHENS
IN KÖLNER KIRCHEN**

130 **Paradiesische Zustände**
– Adam und Eva im Eingangsbereich des Doms –

136 **Das Ende der Resopal-Ästhetik**
– Die Glasfenster aus dem 19. Jahrhundert im Dom –

141 **Massenware der Spätgotik, aber was für eine!**
– Agilolphus-Altar im Dom –

146 **Ein Schnappschuss vom Engel**
– St. Kunibert –

149 **Schöne Madonna und ein Kardinal mit Geige**
– St. Maria in Lyskirchen –

152 **Experimente mit der Moderne**
– Jan Thorn Prikkers Fenster in St. Georg –

155 **Moschee-Elemente im romanischen Kirchenbau?**
– St. Andreas –

158 **Warum eine falsche Farbauswahl genau
das Richtige sein kann**
– St. Aposteln –

162 **Comic aus der Stauferzeit**
– St. Gereon –

166 **Der heilige Josef mit der Flönz**
– St. Maria im Kapitol –

171 **Georg Meistermann unterläuft die Strategie
»farbenfrei«**
– St. Marien Kalk –

174 **Editorische Notiz** *von Peter Pauls*

Vorwort

Die ehemalige Kölner Dombaumeisterin Barbara Schock-Werner meldet sich nun schon seit 2012 regelmäßig im »Kölner Stadt-Anzeiger« zu Wort, das finde ich großartig und wunderbar. Gut, dass dreißig ihrer Kolumnen nun in diesem Buch gesammelt vorliegen. Es macht seine Leserinnen und Leser auf städtebauliche Vorhaben aufmerksam, kritisiert Fehler und Versäumnisse, lobt aber auch gelungene Projekte. Ich spüre in den Beiträgen, die Joachim Frank mit journalistischem Schliff versieht, die Leidenschaft für Qualität im Städtebau und den großen Sinn für die Verantwortung, die sowohl die kommunalen Entscheidungsträger als auch wir Bürger selbst für die lebenswerte Gestaltung unserer unmittelbaren Umgebung haben.

Nachdem ich dem Ansinnen des Kölner Domkapitels entsprochen hatte, das Südquerhausfenster im Dom zu gestalten, bekam ich intensiver mit der damaligen Dombaumeisterin zu tun. Ich schätze ihre offene, unverstellte, wenn es sein muss, auch streitbare Art. Sie hat sich nach meiner Wahrnehmung im Amt nie verbogen, und erst recht tut sie es nicht im Ruhestand. Mit manchen ihrer Kolumnen, da bin ich sicher, wird sie sich im Kölner Rathaus alles andere als beliebt gemacht haben.

Ich frage aber: Was kann Köln denn Besseres passieren, als dass »sachkundige Bürger« wie Barbara Schock-Werner »der Stadt Bestes suchen«, wenn Sie mir diese biblische Anleihe beim alttestamentlichen Propheten Jeremia gestatten? Dass die Stadt von und durch ihre Bürger lebt, kommt leider im Deutschen weniger gut zum Ausdruck als im Französischen oder Englischen mit ihren

Wortpaaren »citoyen« und »cité« bzw. »citizen« und »city«. Umso wichtiger, dass wir uns das Gespür für diese untrennbare, im besten Sinne politische Verbindung bewahren. Barbara Schock-Werner trägt dazu, wie ich finde, vorbildlich bei.

Viele ihrer Kolumnen verstehen Barbara Schock-Werner und ihr Koautor als eine »Schule des Sehens«. Auch das schätze und empfehle ich in besonderem Maß. Der Mensch sieht ja immer nur, was er weiß. Aber Barbara Schock-Werner ist keine Besserwisserin. Sie scheut nicht das eigene Urteil, aber sie lässt ihren Leserinnen und Lesern Raum für deren eigene Sicht. Und sie trägt ihre Positionen nicht in einer einschüchternd hochtrabenden Expertensprache vor, sondern so, dass jeder sie versteht. Barbara Schock-Werner bringt die Dinge wirklich »auf den Punkt«.

Dieses Buch regt dazu an, die Stadt Köln mit neuen Augen zu sehen, sie auf erfrischend andere Art zu erkunden und sie – als citoyens/citizens – in bürgerliche Obhut zu nehmen.

Gerhard Richter
Köln, im Januar 2015

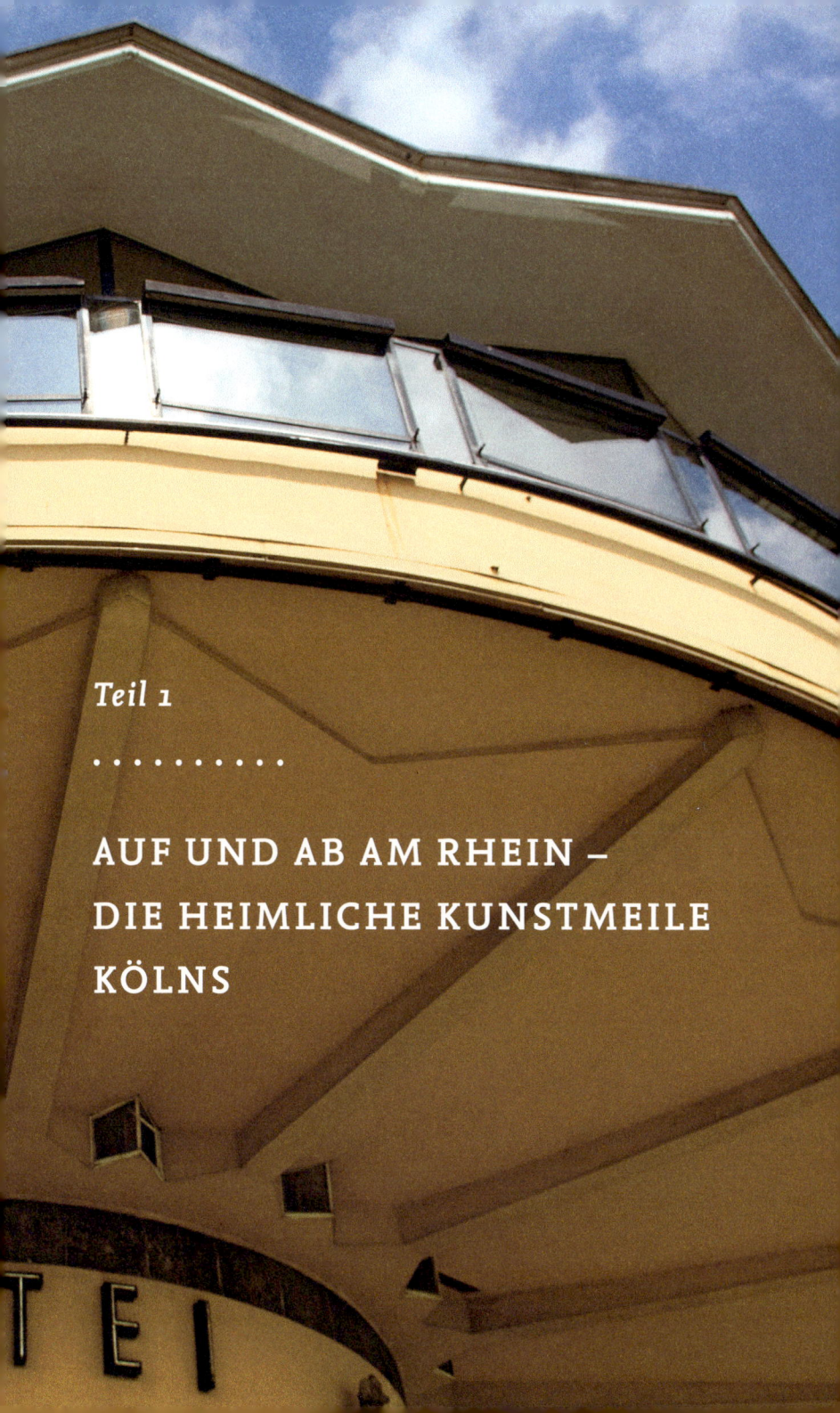

Teil 1

....

AUF UND AB AM RHEIN – DIE HEIMLICHE KUNSTMEILE KÖLNS

Der spektakulärste Blick auf Köln

Das Stadtpanorama von der Aussichtsplattform des LVR-Turms

Die Aussicht vom Südturm des Doms, sagen mir Besucher manchmal bedauernd, hat einen einzigen Nachteil: Man sieht von da oben den Dom nicht. Macht gar nichts, kann ich ihnen heute entgegnen: Gehen Sie einfach über die Hohenzollernbrücke zum LVR-Turm, und genießen Sie aus 100 Meter Höhe den spektakulärsten Blick auf Köln überhaupt. Dabei begeistert mich das Ensemble von Altem und Neuem vor allem durch seine immense Bandbreite. Stellen Sie sich mal vor, wie trostlos lauter gleiche Bauten nach Schema F wirken würden! Einschränkend muss ich sagen, dass es mit dem Panorama von der Hohenzollernbrücke nach Norden hin noch etwas hapert. Aber wenn erst mal das blaue Scheusal verschwunden und die alte Reichsbahndirektion fertig ausgebaut sein wird, wird sich auch das schlagartig bessern.

Nirgends können Sie so gut wie hier oben auf dem LVR-Turm mit einem Blick erfassen, warum die romanischen Kirchen Kölns ein so einmaliger Schatz sind: Trotz ihrer Gemeinsamkeiten im Baustil haben sie nämlich einen verblüffend individuellen Charakter. Geradezu auftrumpfend drängt sich Groß St. Martin in den Blick. Sein hoch aufragender Ostteil macht die Häuserzeile der Altstadt vergessen, die sich zwischen die Kirche und das Rheinufer schiebt. Nur St. Kunibert stand noch dichter am Fluss. Hier passte keine andere Bebauung mehr davor, sodass der Ostchor seine volle optische Wirkung entfalten konnte. Wie im 13. Jahrhundert üblich, errichtete man auch für Groß St. Martin einen Drei-Konchen-

Chor, zog ihn aber mit einem riesigen Vierungsturm, begleitet von vier Ecktürmen, gleichsam nach oben. Im Rheinpanorama ist diese hochplastische Architektur schon eine Wucht! Für das Mittelalter vielleicht sogar der eigentliche Höhepunkt, denn der ungleich größere Dom war damals ja Baustelle.

Hochhäusern in Köln, Sie merken es schon, kann ich durchaus etwas abgewinnen. Ich habe auch überhaupt nichts gegen moderne Skylines. Als Dombaumeisterin habe ich ja den ganzen Streit um das Hochhauskonzept der Zukunft ausfechten müssen. Mit dem »Triangle« des LVR in seinen maßvollen, schlanken Proportionen konnte ich dabei immer noch am besten leben. Aber die Klötze, die dahinter entstehen sollten, hätten eine Art optischen Sperrgürtel um die Stadt gelegt. Dazu hatte und habe ich eine klare Meinung: geht gar nicht!

Der wichtigste Grundsatz im Städtebau heißt: Maßstäblichkeit. Das bedeutet nicht, zu einer bestimmten Zeit die Uhr anzuhalten und die Stadt zu einem einzigen riesigen Freilichtmuseum umzuwidmen. Im Gegenteil: Die Stadt darf, ja muss sich entwickeln. Aber die Stadtplaner tun gut daran, von dem auszugehen, was sie vorfinden. Was das bedeutet, ist selten so offensichtlich wie in Köln mit jenem weltberühmten Baudenkmal namens Dom mitten im Zentrum und mit dem fast genauso bedeutsamen Kranz romanischer Kirchen, die man nach dem Krieg sorgsam wiederhergestellt hat. Daran müsste sich alles ausrichten. Insofern ist es auch falsch, sich andere Städte zum Vorbild zu nehmen, statt zu fragen: Was funktioniert bei uns? Die Straßburger haben sich daran gehalten und beschlossen, dass sie rings um ihr Münster keine Hochhäuser haben wollten. Die gibt es zwar auch, aber in angemessenem Abstand.

Auch in Köln war das mittelalterliche Panorama bis in die 1960er-Jahre das Maß der Dinge. Im kollektiven kulturellen Gedächtnis bestimmte die Ansicht vom Rhein her nach Westen das Bild Kölns: mit Groß St. Martin, dem Dom und der Rheinfront bis hinunter nach St. Kunibert.

Blick vom LVR-Turm nach Westen. Links der Vierungsturm der romanischen Kirche Groß St. Martin

Den ersten Tabubruch beging man mit dem Bau des ehemaligen Fernmeldeamtes an der Agrippastraße. Allerdings berührte es die Innenstadt nur am Rand, ähnlich wie das heutige Saturn-Hochhaus, das schon in den 1920er-Jahren am Hansaring gebaut worden war. Dann aber kam der in Köln allgegenwärtige WDR und besetzte die Stadtmitte. Das Archivhaus und das Filmhaus, die sich wie ein Wall in die West-Ost-Blickachse zum Dom schieben, wurden zum eigentlichen Sündenfall. So etwas hätte einfach nicht in die Innenstadt gehört.

Überall auf der Welt verbindet sich der Begriff »Innenstadt« mit dem Weichbild einer gedrängten, kleinteiligen, vergleichsweise niedrigen Bebauung. Dagegen verstoßen Hochhäuser gleich doppelt: einmal natürlich, per Definition, durch ihre Höhe; dann aber auch durch ihren Bedarf an Freifläche ringsherum. Wenn Sie einmal durch das Frankfurter Bankenviertel spaziert sind, wissen Sie, was ich meine: Die Wolkenkratzer für sich und als Skyline mögen ästhetisch ansprechend sein. Am Boden aber haben sie eine seltsame unwirtliche Brache zur Folge gehabt, die alles Mögliche sein mag, nur eines nicht: städtisch.

Himmelsauge im Festungsbau

Als »Frauen-Media-Turm« verbindet der Bayenturm Stadtgeschichte und moderne Nutzung

Mein Ziel ist heute der Bayenturm im Rheinauhafen, der Frauen-Media-Turm, wie er auch heißt. Moment, werden Sie jetzt vielleicht sagen, hat die Schock-Werner nicht damit zu tun? Stimmt! Ich bin mit dem Frauen-Media-Turm seit Langem verbunden – zum einen als »Emma«-Leserin der ersten Stunde und bekennende Feministin, zum anderen institutionell in den Gremien der Stiftung, die Trägerin des Frauen-Media-Turms und seiner Arbeit ist.

Nachdem Alice Schwarzer und ich »Botschafterinnen« für die Bewerbung Kölns als Kulturhauptstadt Europas 2003/2004 gewesen waren, hat sie mich zunächst in den Stiftungsbeirat geholt, dem Professorinnen verschiedener Fachrichtungen angehören. Solche Kreise fand ich immer spannend, weil sie den Blick über die eigene Disziplin hinaus weiten und man allerhand erfährt. Inzwischen habe ich im Vorstand der Stiftung den Platz von Ursula Scheu übernommen, die sich aus Altersgründen zurückgezogen hat. Der Vorstand muss unter anderem die Finanzen prüfen, wobei ich gleich dazu sage: Die eigentliche Arbeit wird von Wirtschaftsprüfern erledigt, von echten Profis also. Und ich kann sagen: Die Stiftung ist – in ihrem bescheidenen Rahmen – absolut solide und seriös aufgestellt. Seltsam, dass man das offenbar eigens betonen muss, aber so ist das wohl.

Und was ich auch gar nicht oft genug sagen kann: Der Bayenturm mit Bibliothek und Archiv ist kein »closed shop« oder so etwas. »Da kommt man doch gar nicht rein«, höre ich in der Stadt

Bibliothek und
Archivraum im
»Frauen-Media-Turm«

immer wieder. Absoluter Quatsch! Der Turm ist für Besucher offen, man kann ihn besichtigen, es gibt sogar regelmäßige Führungen. Ich kann Ihnen den Besuch nur empfehlen, denn nicht nur für Kölner ist der Bayenturm ein bemerkenswerter Ort. Er gehörte zur mittelalterlichen Stadtbefestigung, die in ganz Europa berühmt war, und bildete darin das Herz ihrer Südostecke. In Richtung Norden nahm hier die rheinseitige Mauer ihren Ausgang, in Richtung Westen schloss sich die Landmauer in ziemlich gerader Linie bis zum Severinstor an.

Der halbkreisförmige Ring vom Ende des 12. Jahrhunderts war ausnahmsweise ein Gemeinschaftswerk der Kölner Bürgerschaft und ihres Erzbischofs. Der damalige Amtsinhaber, Philipp von

Heinsberg (1130 bis 1191), hatte gerade Krach mit dem Kaiser und fürchtete sich vor einem Angriff. So half er den Kölnern bei der Errichtung des Festungswerks. Das hielt seinen Nachfolger im 13. Jahrhundert allerdings nicht davon ab, just den Bayenturm zu einer gegen die Stadt gerichteten Burg auszubauen. 1261 nahmen die Bürger sie ein, schleiften sie und ließen nur den Turm selbst stehen. Fortan wurde er so auch zum Symbol für den Freiheits- und Selbstbehauptungswillen der Stadt und ihrer Bürger. Deshalb verschonte man ihn auch bei der Schleifung der Stadtmauer 1850 bis 1860.

Bis zum Zweiten Weltkrieg beherbergte der Turm verschiedene Museen. Für die Besucher wurde im 19. Jahrhundert längsseitig eigens eine Treppenanlage gebaut. Hierüber war der Zugang auch an Sonn- und Feiertagen möglich. Denn eigentlich stand der Turm auf dem damaligen Hafengelände, das nur werktags geöffnet war. Nach 1945 war vom Bayenturm nur mehr ein Stumpf übrig, und erst in den 1980er-Jahren entschloss sich die Stadt, unterstützt

••••••• **Der Bayenturm mit rekonstruiertem Aufbau der 1980er-Jahre**

von der wichtigen und wirkungsvollen Stadtkonservatorin Hiltrud Kier, zum Wiederaufbau.

Damit begann aber auch ein Streit über die künftige Nutzung. Das muss ein wahrer Krimi gewesen sein. Darin mischten verschiedene Karnevalsgesellschaften mit, die in den Turm einziehen wollten. Andere wollten ein »Haus des Jazz« etablieren. Und dann gab es da noch – die Frauenbewegung. Ich habe in den 1970er-Jahren selbst mitbekommen, wie sich Frauen im Kampf um Gleichberechtigung zusammenfanden, eine Gruppenidentität ausbildeten und dabei auch nach den historischen Wurzeln des Frauenprotests fragten. Es stellte sich heraus, dass es ganz schwer war, dafür an Unterlagen und Dokumente zu kommen.

Deshalb gründete Alice Schwarzer in den 1980er-Jahren das »Frauenarchiv«. Dahinter steht eine gemeinnützige Stiftung, für die Jan Philipp Reemtsma seinerzeit ein Startkapital von umgerechnet 5,1 Millionen Euro bereitgestellt hat. Es kam dann die Idee auf, das Archiv im Bayenturm unterzubringen. Das löste wiederum heftigste Diskussionen aus, setzte sich aber letztendlich durch – übrigens auch mithilfe vieler Männer. Ich nenne stellvertretend den ehemaligen Oberstadtdirektor Kurt Rossa.

Die Architektin Dörte Gatermann sollte im bereits laufenden Wiederaufbau des Turms eine Innenausstattung als Bibliothek und Archiv vornehmen. Gatermanns Entwurf gehört sicher zum Besten, was damals in Köln und darüber hinaus in puncto Innenarchitektur verwirklicht wurde: realisiert mit sparsamsten Mitteln, sehr schick, sehr elegant, sehr modern – und zugleich mit Respekt für die historistische Rekonstruktion des Äußeren. Ringsum an den Wänden hat sie über mehrere Stockwerke hinweg einfache, zweckmäßige Regale für die Archivalien vorgesehen und an einer Eisenkonstruktion von der Decke eine Galerie abgehängt. In der Mitte des Raums wurde ein Lift eingezogen, dessen Wellblechverkleidung gleich wieder ein Statement ist: Schaut her, es braucht keine edlen, sündhaft teuren Materialien, um einen hochwertigen Eindruck zu erzeugen! Besonders gut gefällt mir auch, wie die

Architektin das Beleuchtungsproblem gelöst hat. So ein mittelalterlicher Wehrturm hat bestimmungsgemäß nur wenige und dann auch noch sehr kleine Fenster. Um das auszugleichen, hat Gatermann ein Glasdach eingebaut. »Himmelsauge« nennt sie dieses Oberlicht, durch das die ganze Bibliothek Tageslicht bekommt. Das tut der Atmosphäre im Raum ausgesprochen gut und ist auch für die Bibliotheksbenutzer angenehm. Insgesamt ist hier wirklich etwas Einmaliges entstanden: die Verbindung von Stadtgeschichte mit einer ungewöhnlichen zeitgenössischen Nutzung.

Durch die jüngste städtebauliche Entwicklung ist der Turm, der lange Zeit mehr oder weniger isoliert stand, mittlerweile zum Bestandteil des schicksten Quartiers von ganz Köln geworden, dem Rheinauhafen. Der gefällt mir ja ausnehmend gut. Mit einer Ausnahme, wie ich gestehe: Die Kranhäuser finde ich problematisch. Hintereinandergestellt wirken sie sehr wuchtig, wie eine Art Wall. Zudem ist wider alle architektonische und wirtschaftliche Vernunft eine Bauform umgesetzt worden, bei der Aufwand und Ertrag – im Grunde nicht mehr als ein Gag – in keinem Verhältnis stehen. Aber ich komme vom Thema ab.

Zwischen dem Frauen-Media-Turm, wie das Archiv inzwischen heißt, und der Stadt Köln gibt es bis 2061 einen Erbbauvertrag. Er sieht unter anderem vor, dass sämtliche Unterhaltskosten von der Trägerin aufgebracht werden müssen, der auf Reemtsma zurückgehenden Stiftung. Wie man sich leicht denken kann, hat sie in Zeiten schlechter Kapitalverzinsung und niedriger Erträge ihre liebe Not, das erforderliche Geld aufzubringen. Andere städtische Institutionen, gerade auch die Museen, werden inzwischen geradezu angehalten, durch Vermietung ihrer Räume etwas zur Finanzierung beizutragen. Nur dem Frauen-Media-Turm hat die Stadt das übel genommen, bloß weil im Pachtvertrag steht, dass alle Fremdbelegungen genehmigt werden müssen. Diese Strenge fand ich schon bizarr. Aber denken wir positiv – und halten wir fest: Die Stadt Köln und Kölner haben allen Grund zum Stolz auf ihren Bayenturm, mit allem, was dazugehört.

Eine Perlenkette prägnanter Pumpwerke

Zweckbauten, die architektonisch Maßstäbe setzen

Auf meine Zeitungskolumnen erhalte ich regelmäßig eine Menge Leserreaktionen, was mich natürlich sehr freut. Besonders hoch ist die Resonanz, wenn ich Ärgernisse im Stadtbild »auf den Punkt« bringe. »Toll, dass Sie das machen, bleiben Sie dran!«, sagen mir dann die Leute. Klar, das werde ich auch. Aber eben nicht nur. Ich will ja nicht als die Meckertante vom Dienst durch Köln laufen, sondern Ihren Blick auf Gebäude, Kunstwerke oder städtebauliche Details lenken, die kaum bekannt sind oder nur den Fachleuten auffallen. Es gibt halt in Köln sehr viel Ungewöhnliches – im Negativen wie im Positiven. Deshalb möchte ich die Stadt Köln heute einmal ausdrücklich loben für ein Bauprojekt, das gar nicht besser hätte laufen können.

Es gibt entlang des Rheinufers fünf sogenannte – und jetzt muss ich langsam sprechen, damit ich mich nicht verhaspele – Hochwasserpumpstationen. Was für ein tolles deutsches Bandwurmwort! Aber es beschreibt exakt, was die Dinger machen, von denen insgesamt sieben geplant sind: Sie sollen bei dramatisch hohen Pegelständen das Rheinwasser, das dann in die Stadt fließt und auf normalem Weg nicht mehr ablaufen kann, zurück in den Fluss pumpen. So sieht es das Hochwasserkonzept vor, das der Rat der Stadt Köln 1996 verabschiedet hat. Nun hätte man erwarten können, dass die zuständigen Stadtentwässerungsbetriebe sachlich hässliche Zweckbauten ans Rheinufer stellen – Betonquader mit ein paar Löchern, um es mal laienhaft zu formulieren. Aber von wegen! Als ich auf einer Radtour in Rodenkirchen zum ersten

**Pumpwerk in Niehl
(Entwurf: Büro Astoc)**

Mal eine dieser Stationen sah, da habe ich die Augen aufgerissen und gedacht: Was ist das denn hier?! Eine gebogene Bruchsteinmauer in Verbindung mit einem Gebilde, das spielerisch aus rechteckigen braunen Metallstücken aufgeschichtet zu sein scheint. Dahinter hat der Landschaftsarchitekt Dirk Melzer zusammen mit ›v-architekten‹ geschickt ein schon älteres Pumpwerk für Schmutzwasser versteckt. Die ganze Umhüllung erinnert an geschichtetes Treibholz. So etwas fällt natürlich sofort auf inmitten einer ansonsten banalen Bebauung.

Weiter rheinabwärts, in Bayenthal auf der Höhe Schönhauser Straße, und schon etwas bekannter, weil weithin sichtbar, liegt der von Kaspar Kraemer entworfene und 2005 bis 2008 gebaute Glaskubus. Klassisch proportioniert, scheint er über der Hochwassermauer zu schweben. Mit seinem Farbspiel zeigt er – zumindest den Eingeweihten – den Pegelstand des Rheins an: Bei Niedrigwasser leuchtet der Würfel gelb, bei Normalstand blau. Bei Hochwasser wechselt er von Orange nach Rot und signalisiert: Alarm, Alarm! Ein wunderbarer Blickfang ist das in jeder Hinsicht.

· · · · · **Pumpwerk an der Schönhauser Straße**
(Entwurf: Kaspar Kraemer)

Ähnlich ist das in Niehl, wo zwei Pumpwerke stehen, das eine gestaltet vom Kölner Architekturbüro, das andere vom Büro Astoc. Beide fallen inmitten von Industriebauten sofort auf – fast an Skulpturen erinnernd. Wer erwartet schon solch individuelle Architektur in dieser Umgebung? In Mülheim haben Schlösser Architekten in Zusammenarbeit mit Kazuhisa Kawamura eine Turnhalle auf das Pumpwerk am Faulbach gesetzt. So konnten sie das Grundstück von weiterer Bebauung frei halten. Turnhalle und Pumpwerk verbindet ein leuchtendes strahlendes Blau. Die gesamte Bautengruppe hat inzwischen etliche Architekturpreise eingeheimst.

Aber wer weiß das schon in Köln! Und wer weiß, wie es überhaupt dazu kam, dass im öffentlichen Raum ausnahmsweise mal nicht nach der Devise »Hauptsache, billig« gebaut wurde? Im Grunde hat die Stadt das ihrem ehemaligen Beigeordneten für Bauen und Verkehr, Hubertus Oelmann, zu verdanken. Er leitete von 2001 bis 2005 die Stadtentwässerungsbetriebe und hatte das Gefühl, dass die öffentliche Akzeptanz technischer Bauten auch eine Sache der Ästhetik sei. Immerhin ist das Rheinufer ja doch die Schauseite Kölns. Dass es so was wie diese Pumpwerke braucht, das steht ja außer Frage.

Wenn Sie – um ein anderes Beispiel zu nehmen – in die Philharmonie gehen, dann achten Sie mal auf den grauen Kasten links vom Eingang. »Löschwassereinspeisung« steht darauf. Das ist sicher notwendig. Aber warum muss diese Vorrichtung in scheußlichem grauem Blech daherkommen? Und warum ausgerechnet an dieser exponierten Stelle? Da orientieren sich irgendwelche Sachbearbeiter bei der Stadt halt allein an Technik und Budgets. Umso wichtiger ist es, dass die richtigen Leute an den entscheidenden Stellen sitzen. So wie Hubertus Oelmann, der eben keine Betonungetüme am Rheinufer wollte, sondern – wie er selbst einmal gesagt hat – eine »Perlenkette prägnanter Pumpwerke«. Das klingt vielleicht fast schon zu poetisch für so etwas Prosaisches wie Pumpen. Aber die Intuition stimmt, die Oelmann damals gehabt und die sein Nachfolger Otto Schaaf zum Glück geteilt hat. Eine erstaunliche planerische und gestalterische Leistung, für die man den beiden Herren und der Verwaltung gar nicht genug danken kann.

Andere städtische Institutionen und öffentliche Betriebe, aber auch private Bauherrn sollten sich das ruhig zum Vorbild nehmen: Köln kann etwas! Es muss nur wollen.

Reich verziert, aber ziemlich verwahrlost

Die Deutsche Bahn nimmt ihre »Hoheit« über die Südbrücke auf ärgerliche Weise wörtlich

Im ersten Jahrzehnt des 20. Jahrhunderts wurden in Köln zwei wichtige Brücken gebaut: die neue Hohenzollernbrücke (1907 bis 1910) für den Personen- und die Südbrücke (1906 bis 1910) für den Güterverkehr. Beide wurden von Franz Schwechten (1841 bis 1924) entworfen und errichtet, einem Architekten des Historismus, der aus Köln stammte. Sein wohl bekanntestes Werk neben der Hohenzollernbrücke ist die frühere Kaiser-Wilhelm-Kirche am Berliner Kurfürstendamm, die heutige Gedächtniskirche. Schwechten versah die Südbrücke in Köln links- wie rechtsrheinisch mit je einem massiven burgartig gestalteten Kopfbau. Das sind insofern spannende Monumente, als sie reich verziert sind.

Für uns heute sind Brücken, zumal solche für Güterzüge, technische Zweckbauten. Aber zur damaligen Zeit wollte man sie noch »schön« haben und eindrucksvoll. Man traute dafür der Ästhetik der neuen Technik nicht. Heute empfinden wir das Stahltragwerk einer Hängebrücke schon an sich als elegant. Damals baute man zwar auch bereits mit Stahl, sah darin aber bloß eine konstruktive Hilfe. Und ebenso wie in dieser Zeit Fabrikhallen – die Siemens-Gebäude von Peter Behrens zum Beispiel – noch dekoriert waren, versuchte man, auch innerstädtische Zweckbauten wie Brücken in ihrer Wertigkeit zu heben, indem man sie ähnlich gestaltete wie ein Bahnhofsgebäude selbst, ein Rathaus oder eine Kirche. So bekam die Hohenzollernbrücke ihre vier Reiterstandbilder, die Südbrücke allerlei Skulpturen und anderen Zierrat aus der Werkstatt von Gotthold Riegelmann (1864 bis 1935), sehr aufwendig und sorgfältig gearbeitet.

Dass sich Architekt und Künstler für neoromanische Formen entschieden, hat sicher damit zu tun, dass die Romanik das Stadtbild Kölns in jener Zeit insgesamt noch viel stärker prägte als heute. Es entsprach aber auch der Vorstellung von Festigkeit, die man mit der Romanik verband. Opernhäuser hingegen waren gern

Graffiti an den Sandsteinmauern der Südbrücke

neubarock – wegen der Festlichkeit. Rathäuser gern neugotisch – in Erinnerung an das Erstarken des Bürgertums im Mittelalter. Im Zweiten Weltkrieg beschädigt, wurde die Südbrücke bald danach erneuert. Ihre Brückentürme und die Kopfbauten hat man nicht komplett wiederhergestellt, aber immerhin in den reduzierten Formen, die noch heute stehen. Die Sandsteinornamente – Flechtbänder, Akanthusblatt-Friese, Bildreliefs, Konsolköpfe und Ganzkörperskulpturen – sind in erstaunlich gutem Zustand. Am augenfälligsten ist vielleicht die Figur an der Stelle zwischen den beiden Fahrbahnen der Rheinuferstraße auf der Nordseite Richtung Innenstadt: ein Mann mit fast bodenlangem Rauschebart, zu dessen Füßen Weinreben ranken, mit einem Dampfschiff in der rechten Hand und einem Zahnrad in der linken. Seine entblößten Oberarme sehen aus, als hätte er eine Dauerkarte im Fitnessstudio:

• • • • • **Die Figur des »Vater Rhein« am Brückenbogen
über der Rheinuferstraße (Richtung City)**

Vater Rhein als Bodybuilder! Mit Symbolen der Moderne, der industrialisierten Nutzung des Flusses.

An einem Erker auf derselben Brückenseite wird noch einmal auf den Weinbau am Rhein hingewiesen. Eine Kelter ist da zu sehen. Genau gegenüber auf der nach Rodenkirchen gewandten Seite zeigt das Tympanonrelief über einer Tür ins Brückeninnere die drei Rheintöchter aus dem Nibelungenlied als Nixen mit zwei

Fischschwänzen, daneben den Zwerg Alberich und den in einen Lindwurm verwandelten Riesen Fafner. Kurz, überall an der Brücke gibt es etwas zu entdecken: Schönes, aber leider auch ausgesprochen Hässliches.

Die Südbrücke ist nämlich in einem verwahrlosten Zustand. Und zwar auf beiden Seiten, links- wie rechtsrheinisch. Eigentümerin ist die Deutsche Bahn, die offenbar keinen Anlass sieht, konservatorisch tätig zu werden. Das ist ein typisches Problem, das nicht nur Köln mit seinen Brücken hat, sondern jede Kommune: Die Südbrücke ist ein Baudenkmal. Jeder Eigentümer denkmalgeschützter Immobilien, ob privat oder öffentlich, ist verpflichtet, diese zu erhalten und zu pflegen. Nur für die Deutsche Bahn gilt das offenbar nicht. Ich glaube, jeder Kölner ärgert sich auf seinen Wegen durch die Stadt über die Schmuddelecken an den Bahnbrücken. Ich habe darüber auch schon mit der Stadtverwaltung gesprochen. Die Leute haben geseufzt und gesagt: »Wir können da gar nichts machen. Das ist Bahnhoheit.« Und die Bahn scheint diesen Begriff auf ganz eigene Weise wörtlich zu nehmen: Man mag sie auf Knien anflehen, doch bitte, bitte etwas zu unternehmen. Das heißt aber noch lange nicht, dass sie sich herbeiließe, auch etwas zu unternehmen. Als ob sie mit nichts etwas zu tun hätte.

Zu tun gäbe es aber einiges: Die Südbrücke gehört dringend mal gereinigt. Wild wuchernde Ranken haben sich im Stein festgekrallt, zum Teil sogar in den figürlichen Reliefs. Es stehen irgendwelche Absperrzäune herum, die obendrein verbogen oder umgekippt sind. Ich finde das alles ärgerlich. Erst auf massiven Druck des Rheinischen Vereins für Denkmalpflege hat die Bahn vor einem Jahr die beiden Seitenwege über die Südbrücke wieder geöffnet, die rechts und links der Schienentrasse laufen, ähnlich wie auf der Hohenzollernbrücke. Vorher waren sie einfach gesperrt. Wenn Sie heute dort schauen, sehen Sie: Diese Wege werden inzwischen wieder gern genutzt, von Spaziergängern, Joggern und auch Radfahrern. Im nächsten Schritt müsste sich die Bahn jetzt halt auch mal dem Brückenbauwerk selbst widmen!

Hoffen auf einen pfiffigen Wirt

Für einen Leerstand ist die Bastei viel zu schade

Als gebürtige Stuttgarterin bin ich mit dem Fahrrad allenfalls dilettierend unterwegs. In meiner Heimatstadt mit ihren starken Steigungen fuhr man einfach nicht gerne Rad – übrigens noch heute nicht. Deshalb war ich als Teenie bei meinem ersten Besuch in München zu Anfang auch ganz erstaunt über die vielen Radler. Bis ich begriffen habe: Das war die Normalität – und Stuttgart die Ausnahme. So habe ich selbst erst als Studentin Radfahren gelernt und fühle mich auf zwei Rädern nach wie vor unwohl im Getümmel. Mittenmang in den Kölner Verkehr – das traue ich mich nicht.

Aber am Rheinufer radle ich sehr gerne auf und ab, genieße das Panorama und den Blick auf architektonische Juwelen am Fluss. Linksrheinisch steht ein Gebäude, das fast jeder Kölner kennt, ohne es als etwas Besonderes abgespeichert zu haben: die Bastei. 1891 hatten die Preußen die Rheinfront befestigt und dabei am Ufer auch etliche Türme gebaut. Die mittelalterliche Stadtmauer war kürzer und wies zahlreiche Tore auf.

Ob die neue Anlage Ende des 19. Jahrhunderts militärisch überhaupt noch sinnvoll war – fragen Sie mich nicht! Wahrscheinlich ist es mit Bastionen so wie mit Waffen: Man schafft sie für großes Geld an und ist heilfroh, wenn man sie am Ende nicht braucht. Das preußische Bollwerk war jedenfalls spätestens nach dem Ersten Weltkrieg überflüssig geworden. Und so errichtete der Architekt Wilhelm Riphahn schon 1924 ein Restaurant auf dem Untergeschoss von einem der alten Bastionstürme, das mit seinen Kanonenöffnungen bis heute gut sichtbar ist. Ich sage ganz bewusst

· · · · · **Zum Rhein hin kragt das Restaurant
der Bastei weit aus**

»schon 1924«. Man muss sich nämlich klarmachen, dass Riphahns weit auskragende Stahlkonstruktion für die damalige Zeit ungeheuer modern und kühn war. Niemand käme spontan auf die Idee, sie in den 1920er-Jahren anzusiedeln. »Was, so früh, schon vor dem Krieg?« Das höre ich öfter, wenn ich das Baujahr erwähne. Anfangs muss oben alles offen gewesen sein. Aber ich schätze, das war dann doch etwas ungemütlich. Die Terrasse, die da über dem Rhein schwebt, wurde jedenfalls relativ schnell verglast. Im Zweiten Weltkrieg beschädigt, wurde die Bastei 1959 von Riphahn selbst repariert, und sie soll dann als Restaurant sehr beliebt gewesen sein.

Weil die Stadt Geld nötig hatte, verkaufte sie das Gebäude an die Messe und gab die Bewirtschaftung an die Blatzheim Betriebe. 2016 lief der Pachtvertrag aus. Die KölnKongress-Gastronomie übernahm die Bastei, und man konnte sie für Veranstaltungen buchen. Aber auch der neue Betreiber zeigte wenig Engagement für das phantastische Gebäude. 2018 kaufte die Stadt es zurück, ein Jahr später schon sollte die Sanierung beginnen. Es blieb aber bei der Ankündigung, so dass der Dornröschenschlaf weitergeht, während gleichzeitig die Bewirtschaftung zum Erliegen gekommen

ist. Inzwischen kann man sich nicht einmal mehr mit Gruppen einmieten. Ein trauriger Umgang mit einer bedeutenden Architektur. Das finde ich ausgesprochen schade. Ich frage mich, ob man nicht ein junges Gastronomenteam für eine Wiedereröffnung gewinnen kann. Schließlich bietet die beliebte Rheinpromenade zwischen dem Schokoladenmuseum und dem Alten Schwimmbad in Riehl keine Möglichkeit zum Einkehren. Die Bastei wäre somit einerseits der ideale Ort für einen Zwischenstopp auf einen Kaffee oder ein Kölsch. Andererseits riefe dies das Gebäude selbst wieder mehr ins Bewusstsein – als einer der ungewöhnlichsten Bauten der frühen 1920er-Jahre.

Das ist ja bei Gebäuden immer so: Nur was genutzt wird, fällt auch ins Auge. Der Innenraum ist zwar nicht besonders groß, aber ergänzt um eine Außengastronomie sollte sich der Betrieb für einen pfiffigen, experimentierfreudigen Wirt rechnen. Mir ist bewusst: Der Denkmalschutz macht es nicht ganz einfach, die Auflagen für Küche und Toilettenanlagen zu erfüllen. Gemeinsam mit dem neuen Stadtkonservator ließe sich jedoch bestimmt eine denkmalverträgliche Lösung finden, zumal der Ratschlag – um aus dem Nähkästchen zu plaudern – vom ehemaligen Stadtkonservator Ulrich Krings kommt. Das spricht dafür, das gute alte Dombaumeister-Motto anzuwenden: Geht nicht gibt's nicht.

Damit Sie jetzt nicht denken, ich spielte heimlich mit dem Gedanken, auf meine alten Tage unter die Kneipiers zu gehen, sei betont: Ich denke hier ausschließlich als mögliche Nutznießerin – und eben als Architektin. Riphahns Verbindung von Rundbau und Zackendach ist nämlich etwas sehr Zeittypisches. Die 1920er-Jahre entdecken zum einen das Rund neu, etwa in den berühmten runden Treppenhäusern Erich Mendelsohns. Mit der Form des Dachs nimmt Riphahn zum anderen die Vorliebe des Expressionismus für Ecken und Kanten auf. Im Zusammenspiel ist so ein aufregendes Stück Baukunst entstanden. – So ist die Bastei tatsächlich ein bedeutender Beitrag zu Ruhm und Ehren Kölns als Stadt der Architektur.

Provisorium voller Schönheit und Charme

Die Kölner lieben ihren Tanzbrunnen – Architekten auch

Der Tanzbrunnen im Rheinpark gehört zu den Bauwerken der Stadt, die jeder Kölner vor Augen hat. Die meisten denken dabei an die Konzerte und natürlich an Linus mit seiner Talentprobe. Für Architekturliebhaber hingegen ist der Tanzbrunnen die Geburtsstätte einer ganz neuen Architektur. Seine Überdachung, geschaffen vom Architekten Frei Otto (1925 bis 2015), ist das erste Flächentragwerk, das je im öffentlichen Raum gebaut wurde. Den Tanzbrunnen selbst, ursprünglich ohne Dach, gibt es seit 1950 als eine auskragende Betonplatte, die über zwei Brückchen betreten werden konnte.

Neulich sprach ich mit zwei älteren Kölnern, die in ihrer Jugend zum Tanzen hingegangen waren. Draußen, so erzählten sie, spielte eine Kapelle, und um auf die innere Plattform zu kommen, musste jedes Pärchen zehn Pfennige bezahlen. Rührend, nicht?

Als Köln 1957 im Rheingarten zum ersten Mal die Bundesgartenschau ausrichtete, müssen in der Stadt an den richtigen Stellen die richtigen Leute gesessen haben. Denn sie erteilten einem jungen Architekten namens Frei Otto einen hochinnovativen Auftrag: Er sollte als temporäre Architektur drei Zeltkonstruktionen errichten. Otto stammte zwar selbst aus einer Steinmetzfamilie, aber für seinen Geschmack war die in den 1950er-Jahren verbreitete Bauweise viel zu schwer und wuchtig. Er war auf eine Minimalisierung der Architektur mit möglichst wenig Masse aus. Seit der Nachkriegszeit experimentierte Otto daher mit Konstruktionen, die in der Fachsprache »leichte Flächentragwerke« heißen. Einfacher ausgedrückt: mit Zelten, die nicht nach dem Prinzip »ein Balken mit was darauf« funktionieren. Zeittypisch waren im Gegensatz dazu die »schweren Flächentragwerke« – das sind selbsttragende Betonflächen, wie man sie etwa aus Brasilia oder später vom Opernhaus in Sydney kennt.

Leichte Flächentragwerke müssen bestimmte Formbedingungen erfüllen. Wenn Sie klassisch ein Zelt aufbauen, dann flattert es. Sie können die Flächen zwar straff spannen, aber richtig stabil werden sie erst, wenn sie an jeder Stelle in zwei Richtungen gekrümmt sind. Das nennt man im Fachchinesisch ein »hyperbolisches Paraboloid«. Fragen Sie mal einen Kölner, ob er sowas kennt: ein »hyperbolisches Paraboloid«. Der wird Sie mit großen Augen angucken, obwohl er im Grunde sehr wohl weiß, was das ist: nämlich eine Art Sattelfläche. Beim Sattel finden Sie die typische Krümmung in zwei Richtungen. Je stärker die Krümmung, desto

Als Veranstaltungsort beliebt: Frei Ottos Tanzbrunnenzelt von 1956

**Bedeutende Architektur,
unschön umstellt**

weniger flattert das Element. Bis zu dem Kölner Auftrag hatte Frei Otto nur mit Modellen hantiert. Jetzt konnte er für die Bundesgartenschau etwas davon verwirklichen: als Erstes einen Eingangsbogen, den es heute noch gibt, wenn auch versetzt, rechts vom Theater im Tanzbrunnen. Es handelt sich um ein Buckelflächenzelt, bei dem das Dach über einen Bogen abgespannt wird. Als Zweites einen Schattenspender am Rheinufer, der nicht erhalten ist. Als Drittes ebenjenes wunderbare Sternwellendach über dem Tanzbrunnen.

Dann passierte etwas Tolles: Die Kölner verliebten sich so sehr in diese Zeltdächer, dass sie Jahr für Jahr wieder aufgezogen wurden. So wurden sie vom Provisorium zu einer Dauereinrichtung, die bis heute nichts von ihrer Schönheit und ihrem Charme verloren hat. Das Dach wirkt ja auch überhaupt nicht altmodisch. Nichts von Nierentisch-Ästhetik der 1950er-Jahre oder dergleichen! Ursprünglich war das Zeltdach aus Baumwollgewebe gefertigt. Der

Stoff, der in beide Richtungen gleich elastisch sein musste, stammte von einer Firma am Bodensee, die auch Zirkuszelte herstellte. Weil das Gewebe nicht komplett wetterfest war, musste es zum Winter abmontiert werden.

Um 1980 wurde das Ganze durch eine Polyestersubstanz ersetzt, die ganzjährig an Ort und Stelle bleiben kann. Natürlich steht das Zeltdach heute unter Denkmalschutz. Aber eigentlich bräuchte es das gar nicht. Denn ich glaube, die Kölner lieben ihren Tanzbrunnen viel zu sehr. Er ist wirklich eine Inkunabel der Architektur. Im Grunde ist auch der Musical Dome am linken Rheinufer ein vulgärer Nachfolger von Ottos Konstruktionen. Für die Bundesgartenschau 1971, die zweite in Köln, hat Otto übrigens die Leuchtschirme auf dem Tanzbrunnengelände entwickelt, die heute noch stehen und die Zuschauer bei schlechtem Wetter vor Regen schützen. Der Gipfelpunkt seines Schaffens freilich sind die Seilnetz-Zeltdächer des Münchner Olympiaparks von 1972. Den Basis-Entwurf lieferte Günter Behnisch, der für sein Wettbewerbsmodell einfach Nylonstrümpfe über die Haltestangen gespannt hatte. Aber die eigentliche Detailarbeit und die Ausführung übernahm Frei Otto.

Ich habe als Studentin noch selbst in Ottos Team mitgearbeitet. Eigentlich hatte ich bloß einen Ferienjob gesucht, aber Otto brauchte gerade Leute für das Olympiaprojekt. Das fand ich so spannend, dass ich ein Semester ausgesetzt habe und fast ein Jahr bei Otto im Institut für leichte Flächentragwerke geblieben bin. In dieser Zeit habe ich mehr gelernt als auf der Hochschule. Als die Münchner Dächer geplant wurden, konnte man sie noch gar nicht schlüssig berechnen, so komplex waren sie.

Im Büro Wolfram Andrä und Jörg Schlaich wurden zwar Programme entwickelt. Aber die Computer hatten damals natürlich noch nicht die Standards von heute, die Dimensionen der Seilnetze mussten deshalb noch im Experiment festgelegt werden. Dazu wurden raumgroße Modelle gebaut. An jeden einzelnen Haltedraht, der die späteren Zeltdachseile simulierte, wurden Spannungsmesser gesetzt, die auf aufgepumpten Autoreifen lagen. Sobald alles fest gespannt war, wurde die Luft aus den Pneus gelassen, sodass das Eigengewicht der Konstruktion auf den Drähten zulasten kam. Und wir hatten die Aufgabe, diese ganzen Spannungsmesser abzulesen. Ganze Nächte habe ich damit zugebracht.

Als die Münchner Zelte schlussendlich fertig waren, war auch die Rechnertechnik weiter. Es zeigte sich, dass einiges an der Konstruktion überdimensioniert gewesen war. Aber besser so als andersherum! Frei Otto hätte das Dach des Olympiastadions ja am liebsten mit Edelstahlschindeln gedeckt. Aber das Fernsehen wollte es durchsichtig haben – wegen des Schattens, der sonst auf die Spielfläche gefallen wäre. Die durchsichtige Lösung war ungleich komplizierter zu realisieren, weil die Halteseile sich immer leicht bewegen. Die großformatigen, starren, durchsichtigen Acrylplatten damit zu verbinden, das war ausgesprochen schwierig. Außerdem trauerten wir ein wenig bei dem Gedanken daran, wie dieses Zelt aus Edelstahl im Sonnenlicht geglänzt hätte. Nun ja.

Otto hat in mir auch die Begeisterung für Baugeschichte geweckt. In seiner Sicht entwickelte sich die Architektur ganz linear vom Baumhaus bis zum Flächentragwerk und damit eigentlich zum Kölner Tanzbrunnen. Vor Kurzem hat mich ein Freund besucht, der auch bei Frei Otto mitgearbeitet hatte. Ich bin mit ihm auf den Domturm geklettert und habe nach unten auf die andere Rheinseite gezeigt: »Schau mal! Da drüben ist es, Ottos Dach über dem Tanzbrunnen!« Und uns war richtiggehend ehrfürchtig zumute. Weniger begeisternd finde ich es, dass die Umgebung am Tanzbrunnen inzwischen so zugemüllt ist. Überall stehen Hüttchen, Container und Nebenzelte herum. Dieses ganze Gerümpel sollte unbedingt verschwinden. Denn eine so plastische Architektur braucht einfach Luft, um in ihrer ganzen Schönheit zu wirken.

Auf dem Rüttelsieb am Rheinufer

Für Menschen im Rollstuhl wird die Pflasterung zu einem unüberwindlichen Hindernis

»Inklusion« ist ein Begriff geworden, der Stadt und Bürgerschaft intensiv beschäftigt. Gaststätten, Schulen, Museen – alle bemühen sich intensiv, behindertengerechte Zugänge zu schaffen, damit sich die betroffenen Menschen überall im öffentlichen Raum barrierefrei bewegen und so gleichberechtigt am gesellschaftlichen Leben teilhaben können. Ich finde das gut.

Nur ein Bereich in dieser Stadt scheint mir von diesem hehren Anspruch völlig unberührt zu sein. Das sind die Straßenpflaster. Mir selbst ist das auch erst kürzlich aufgefallen, seit meine Mutter im Rollstuhl sitzt und ich sie am Rheinufer spazieren fahre, wo sie in einem Seniorenheim lebt. Da kommen wir gelegentlich an Stellen, die mich dann schon sehr verwundern. Eine davon ist der Weg über die Große Neugasse. Ich gehe jede Wette ein, dass viele Kölner die Große Neugasse nicht kennen, aber trotzdem wissen, wo sie liegt. Es ist nämlich die Straße am »Senftöpfchen« zum Rheinufer herunter. Da gibt es nun einen Bereich, in dem die Pflastersteine mit drei bis fünf Zentimeter großen, tiefen Fugen verlegt sind. Dem normalen Fußgänger fällt das wahrscheinlich gar nicht auf. Höchstens Frauen mit Stilettos mögen ihre Schwierigkeiten damit haben. Aber dieses Pflaster mit einem Rollstuhl schiebend zu überqueren bedeutet eine wahnsinnige Kraftanstrengung, wenn Sie es überhaupt schaffen. Für den, der im Rollstuhl sitzt, ist es eine schmerzhafte Schüttelpartie. Und wer allein im Rollstuhl oder mit einem Rollator unterwegs ist, hat vermutlich nicht die Spur einer

Chance. Auch auf der Rheinuferpromenade gibt es immer wieder Strecken, auf denen sich meine Mutter an ihren Rollstuhl klammert und sich vorkommen muss wie auf einem Rüttelsieb. Die allerschlimmste Fläche aber befindet sich vor der Brücke zum Schokoladenmuseum. Das Pflaster hier ist offenbar schon älter – und schlicht unpassierbar. Sie kommen mit dem Rollstuhl überhaupt nur darüber hinweg, wenn Sie ihn drehen, kippen und ihn dann nach hinten wegziehen. Aber es kann doch wohl nicht wahr sein, dass der Zugang zum Rheinauhafen an so prominenter Stelle für Rollstuhlfahrer nur möglich ist, indem man ihr Gefährt zu einer Art Sackkarre umfunktioniert. Schiebend funktioniert es jedenfalls nicht. Die kleinen Räder von Rollstühlen und Rollatoren rasten in den Pflasterfugen ein und bleiben stecken. Wenn Sie nicht geübt sind, kann es Ihnen dabei sogar passieren, dass Sie denjenigen, der im Rollstuhl sitzt, herauskatapultieren. Mir selbst ist es einmal so gegangen. Das war ein Schreck, kann ich Ihnen sagen!

Das sind jetzt nur wenige Beispiele. Ich bin überzeugt, es gibt noch viel mehr Stellen, wo man im Rollstuhl oder mit Rollator an der Pflasterung scheitert. Wo der Sinn dafür liegen sollte, ist mir schleierhaft. Es sei denn, die Stadt würde von vornherein kalkulie-

ren, dass es billiger ist, auf gleichem Raum weniger Steine zu verlegen. Was natürlich auch noch eine Rolle spielen könnte, ist der Gedanke, den Boden nicht komplett zu versiegeln. Aber wenn der Preis dafür ist, den Boden für Menschen mit Gehbehinderung zum schier unüberwindlichen Hindernis zu machen, nützt einem die schönste Entsiegelung nichts. Es gibt wasserdurchlässige Mörtel, die man an solchen Stellen einsetzen kann.

Wir haben in dieser Stadt ja einen Behindertenbeauftragten. Wäre es nicht eigentlich eine sinnvolle Aufgabe für den, sich auch um solche Dinge zu kümmern? Ich weiß auch, dass man nicht gleich jedes alte Pflaster rausreißen und rundum erneuern kann. Aber die Fugen einigermaßen zu verfüllen, das sollte doch möglich sein. Wenn Inklusion wirklich so eine wichtige Sache ist, dann muss sie die Wege im öffentlichen Raum einbeziehen.

- *Wenn ich eine solche Kritik formuliere, habe ich die verwegene*
- *Hoffnung, die Stadt werde wenigstens die schlimmsten*
- *Stolperstellen beseitigen. Doch es passiert einfach nichts.*
- *Nach wie vor bleiben Rollstuhlfahrer und Fußgänger mit*
- *Rollator vor dem Schokoladenmuseum stecken.*

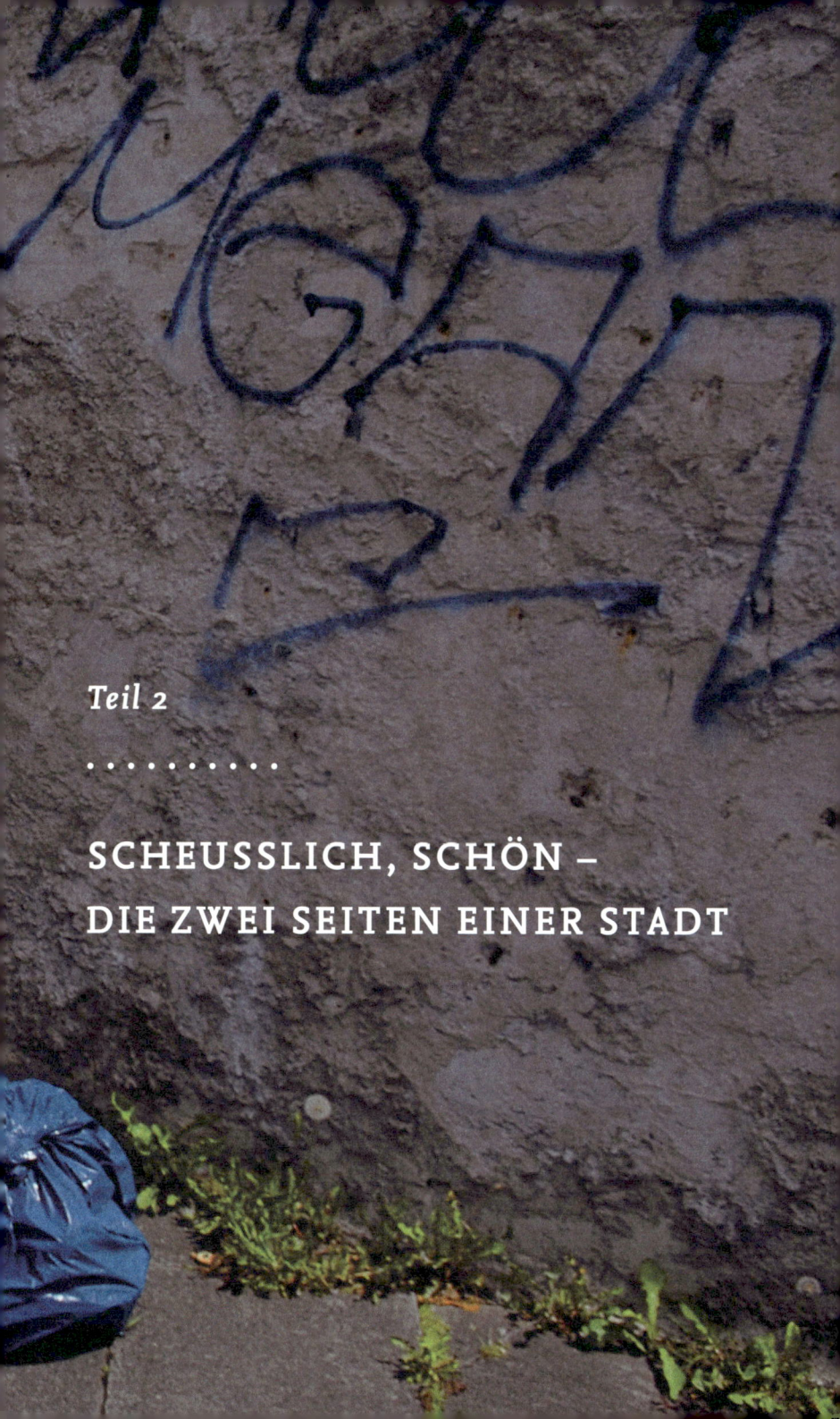

Teil 2

....

SCHEUSSLICH, SCHÖN – DIE ZWEI SEITEN EINER STADT

Kunst in der U-Bahn

. . . .

Eine kleine Expedition zu auffällig gestalteten Haltestellen im Netz der KVB

Für drei Euro ins Museum? Die KVB macht's möglich, denn viele Kölner U-Bahn-Haltestellen sind künstlerisch gestaltet. Es lohnt sich, sie einmal abzufahren. Wobei Sie sich doch eine Streifenkarte oder ein Tagesticket kaufen sollten, denn im Kreis oder zurückfahren dürfen Sie ja streng genommen nicht. Ich will auf keinen Fall schuld sein, wenn die Museumstour Sie am Ende 60 Euro kostet.

Mein Vorschlag: Starten Sie am Heumarkt. Mit der Linie 5 fahren Sie dann eine Station bis zum Rathaus und weiter über den Friesenplatz bis Hans-Böckler-Platz. Am Bahnhof West empfehle ich dann einen der Regionalzüge bis zum Hauptbahnhof. Dort steigen Sie in die Linie 16 oder 18 über Appellhofplatz bis Neumarkt. Einmal noch umsteigen in die Linie 1 oder 7 Richtung Weiden bzw. Frechen. Sie kommen dann direkt zum Rudolfplatz, haben es geschafft und können schön ins Café gehen, ausruhen.

Um Kunst in der U-Bahn geht es nicht erst bei der Detailgestaltung, sondern grundsätzlich. Beim Planen stellt sich nämlich sehr bald die Frage: Wie sollen die Haltestellen aussehen? Alle gleich, durchrhythmisiert? Oder individuell verschieden? In Köln hat man sich für Letzteres entschieden, nicht zuletzt, damit die Passagiere wissen, wo sie gerade sind, auch ohne dafür auf die Schilder sehen zu müssen.

. . . . . **Haltestelle Heumarkt**

Für die einzelnen Stationen wurden Architektenwettbewerbe ausgeschrieben. An den Siegerentwürfen waren oft auch Künstler mit eigenen Konzepten beteiligt. Kunst in der U-Bahn muss pflegeleicht sein und ins Auge fallen. Eine U-Bahn-Haltestelle ist an sich ja kein Erlebnisraum. Man wartet nun einmal viel entspannter, wenn es etwas zu sehen gibt. Außerdem glaube ich als ästhetisch sensibler Mensch: In einer eleganten Umgebung benehmen sich die Leute auch besser.

Ulrich Coersmeiers Station für die neue Nord-Süd-Bahn am Heumarkt ist mit ihren kühnen Durchblicken über mehrere Stockwerke hinweg architektonisch eine Wucht. Auf dem Bahnsteig selbst dagegen geht es vom Schauwert her öde zu. Die originelle Installation des »Geisterzugs«, den man einmal am Tag einfahren hört, obwohl er gar nicht existiert, kann die Glasbaustein-Langeweile logischerweise nicht wettmachen.

Die Wand am Gleis der Haltestelle Rathaus – Architekt: Joachim Schürmann – hat Heimo Zobering mit einem langen Buchstabenfries in blankem und mattem Aluminium versehen. Die Wörter sind so stark ineinandergeschoben, dass immer nur einzelne Buchstaben zu erkennen sind. Ich finde das spannend: Der Künstler animiert den Betrachter, sein Buchstabenrätsel zu entschlüsseln, und bis er es geschafft hat, ist sicher schon die nächste Bahn da.

Ansprechend ist auch das Yves-Klein-Blau der U-Bahn-Röhre, in der die technisch bedingten Aussparungen einen eigenen Rhythmus ergeben.

Beim Weiterfahren kommen Sie über Dom/Hauptbahnhof. Sie strafen diese hässliche, einfallslose Station am besten dadurch, dass Sie gar nicht erst aussteigen. Die gescheckte Fliesenwand der Architekten Koerfer und Menne hat keinerlei optischen Reiz und sieht mir sehr nach Baumarkt aus. Schade, dass ausgerechnet die wohl wichtigste Haltestelle im Kölner U-Bahn-Netz am schlechtesten weggekommen ist. Wenigstens mindern die vielen Reklamen, die andernorts nur stören, das traurige Bild.

**Mäander-Motiv in der Haltestelle
Hans-Böckler-Platz**

Schnell weiter also zum Friesenplatz! Auf der Zwischenebene sind die Fliesenwände im Op-Art-Stil der 1980er-Jahre gestaltet: Der Fußboden ist in Weiß und Grau gemustert. An den Wänden scheint die Fläche in verschiedenen Blautönen perspektivisch vor- und zurückzuspringen. Die optische Täuschung wirkt leider wegen der davorgedonnerten Werbung heute nicht mehr so gut wie ursprünglich.

In der Mitte der Verteilerebene steht eine Metallplastik von Manfred M. Ott, der 1933 in Köln geboren wurde. Ursprünglich war diese Skulptur samt einer zugehörigen farbigen Reliefdecke aus Platten und Halbkugeln in der Haltestelle Neumarkt aufgestellt und sollte dort den Ausgang zur Kunsthalle akzentuieren. Nach dem Umbau der Haltestelle kam die Plastik an die heutige

Fotocollage-Wand in der Haltestelle Neumarkt

Stelle. Die Decke ist leider immer noch eingelagert. Otts Arbeit aus Kupfer und Aluminium wirkt auf mich wie eine stark abstrahierte Gruppe von Wartenden. Sie wertet die Haltestelle spürbar auf.

Gefliese Wände begegnen Ihnen auch am Hans-Böckler-Platz. Es liegt nahe, dass Architekten und Künstler gern zu diesem Material gegriffen haben: Fliesen sind bezahlbar, strapazierfähig und gut zu reinigen. Die am Böckler-Platz bestechen mit leuchtendem Gelb und Rot in geometrischen Formen. Der Pfeil in Richtung Ausgang wird so zum Dekorationselement, und der Mäander, der aus einem Pfeiler über zwei Stockwerke herauswächst und einen Krummstab bildet, ist schon eine Bild-Erfindung, die haften bleibt.

Auf die Pfeiler der Station Appellhofplatz sind Kölner Originale gemalt – mal mehr, mal weniger bekannt. Im Vorbeifahren kann es Ihnen passieren, dass Sie plötzlich Alfred Biolek anschaut. In jüngeren Jahren allerdings. Nach Auskunft von Reinhard Thon, der bei der Stadt viel mit den Haltestellen zu tun hatte, gehen die Porträts auf die spontane Aktion einer Werbeagentur im Jahr 1990 zurück. Ein Schild an der Schmalseite eines der Bahnsteige nennt neben dem Namen des Kunstwerks »Kölner Köpfe« und seines Gestalters Tabot Velud auch einen großen Tabakkonzern als Sponsor. Über Velud habe ich sonst nichts weiter in Erfahrung bringen können. Seine Malerei konnte er ohne größere Gefahr ungewollter »Verschönerung« hinterlassen, weil an die Pfeiler, die zwischen den Gleisen stehen, so leicht keiner rankommt.

Der Neumarkt gehört zu meinen Lieblingsstationen und den Höhepunkten der U-Bahn-Kunst in Köln. Peter Trint hatte die Wände ursprünglich mit Alu-Wellplatten und einem rosa umrandeten Fries in der Mitte verkleidet. Im »Kölner Stadt-Anzeiger« war despektierlich von »Pinkys Wellblechbude« zu lesen. In der Stadt der »photokina« wollte Trint unbedingt ein Stück Fotokunst an zentraler Stelle im öffentlichen Raum. Den Auftrag gab er 1987 Stefan Worring. Der junge Student für Photoingenieurwesen hatte ein Jahr vorher mit sechs Kommilitonen die »Galerie Lichtblick« als Ausstellungsraum für zeitgenössische Fotografie in Nippes gegründet. Etwas später stieß aus Dortmund Wolfgang Zurborn hinzu. Beide gemeinsam überzogen die keilförmig vertiefte Fläche in der Mitte beider Bahnsteigseiten mit einer Fotowand.

»Der Neumarkt als Platz«, sagt Worring, den Sie seit 1990 als Fotoredakteur des »Kölner Stadt-Anzeiger« kennen, »ist ja nun nichtssagend, es sei denn, es ist gerade was darauf los.« Zurborn und er entschlossen sich, die Vielfalt rund um den Neumarkt »in ihrer Komplexität zu zeigen, als eine Welt der alltäglichen Banalitäten«. Man sieht Umgebungsdetails wie den Richmodis-Turm, vor allem aber viele Menschen in den verschiedensten Situationen. Neben Farb- und Schwarz-Weiß-Fotos haben die Künstler bewusst auch verfremdende Kopien eingesetzt. Um den Alltagsblick zu brechen und sich von eindeutigen Botschaften der Werbe-

Klassizistisch anmutende Stützen in der Haltestelle Rudolfplatz

plakate abzusetzen, haben sie Bilder farblich verändert, bis zu zwanzig Mal umkopiert und durch Vergrößerung ein grobkörniges Raster erzeugt.

Als die Station neue Bahnsteighöhen für den barrierefreien Einstieg bekam, verschwand das »Wellblech«. Die ursprünglich auf Aluminium gezogenen Fotocollagen blieben auf Wunsch der Architekten – ausführend war Trints Sohn Kai – erhalten, wurden aber zu Bilderleuchtwänden umgestaltet: die alten Motive auf neuem Grund. Technik verleiht den Werken etwas Zeitloses, bis heute Wirkungsvolles. Und U-Bahn-tauglich sind sie auch: Hier gibt es wirklich was zum Gucken.

Ein Highlight schließlich ist auch der Rudolfplatz. Faber + Partner zitieren hier die Antike, sympathisch modernisiert und wieder in Fliesentechnik. Die achteckigen Stützen mit ihren gebrochenen

Kanten haben eine Art Kapitell. Vor die Wände sind Pilaster gestellt. Das Ganze in schönen Blautönen und Weiß – ein echter Hingucker, der trotz der Fliesenfarben jede Badeanstalt-Assoziation vermeidet. Auf dem Bahnsteig der Linien 12 und 15, Fahrtrichtung Ebertplatz, steht in der Mitte seit 1987 eine Spiegelwand nach dem Entwurf von Margarethe Czischke-Sabata. Auf einer Seite erscheint im darauf geätzten Umriss das Hahnentor. Auf die andere Seite ist ein Foto des alten Opernhauses gedruckt, das bis zu seiner Zerstörung im Zweiten Weltkrieg in der Nähe am Ring stand. Die Spiegelwand durchbricht die Decke, verbindet so zwei Etagen, aber auch Vergangenheit und Gegenwart. Eine originelle Idee: Im Spiegel – wenn Sie so wollen, im Spiegel der Geschichte – erscheinen unten im U-Bahn-Schacht Bauwerke, auf die man oben im Original teils treffen konnte, teils immer noch treffen kann. 2018 habe ich ein Buch mit dem Titel »Linienführung« zur Geschichte der Kölner U-Bahn und aller 40 Haltestellen veröffentlicht. Maurice Cox hat dazu wunderbare Fotos gemacht, und jede Haltestelle ist mit einer großformatigen Aufnahme auf einer Ausklappseite vertreten.

- *Lust auf mehr? Dann fahren Sie mit der Linie 3 oder 4 vom*
- *Hans-Böckler-Platz aus unter der Venloer Straße weiter in*
- *Richtung Bocklemünd und steigen an jeder Station aus. Ein*
- *Erlebnis! Im U-/S-Bahnhof Ehrenfeld zum Beispiel steht eine*
- *Skulptur von Ansgar Nierhoff, am Akazienweg ist eine Torge-*
- *staltung von Heinrich Brummack zu sehen, die Haltestelle*
- *Äußere Kanalstraße bietet Lichtskulpturen von Hans T. von*
- *Malotki und Robin Uber.*

Kein Pardon für den »Prälatenbunker«

Warum der Abriss des Kurienhauses am Roncalliplatz die beste Lösung eines städtebaulichen Problems ist

Ich – gegen Denkmalschutz? Das wäre ja so, als hätte der Tiefseetaucher was gegen Sauerstoffflaschen! Aber manchmal verliert auch der beste Taucher die Orientierung. Zum Beispiel wollte das Rheinische Amt für Denkmalpflege das »Kurienhaus« unter Denkmalschutz stellen, das an der Südostecke des Roncalliplatzes steht. Es gehört dem Kölner Domkapitel und wurde Anfang der 1960er-Jahre von Bernhard Rotterdam und Willy Weyres gebaut, einem meiner Vorgänger als Dombaumeister. Ganz oben, im vierten Stock, hatte ich seit 2000 meine Dienstwohnung mit dem fantastischsten Blick auf die Südseite des Doms, den Sie sich überhaupt nur denken können. Erst 2019 bin ich ausgezogen. Wäre das Haus unter Denkmalschutz gestellt worden, wäre mir die tolle Aussicht vielleicht bis zum Ende meiner Tage sicher gewesen. Mein Nachfolger hat die Wohnung nicht übernommen, weil das Domkapitel das Gebäude abreißen will.

Nicht, weil man es hätte »verkommen lassen«, wie zu lesen war. Nein, von außen ist es ganz gut erhalten. Aber Gebäude bestehen ja nicht nur aus Fassaden. Die Bausubstanz ist total marode. Das gilt für viele Häuser aus dieser Zeit. Selbst die 1950er-Jahre-Bauten sind meistens besser. In den 70ern ging's dann auch wieder aufwärts. Aber dazwischen experimentierte man gern mit allerhand »neuen Materialien«. Na ja. Ergebnis: Das Haus ist total sanierungsbedürftig, der energetische Zustand lausig. Fassen Sie mal

**Das Kuriengebäude am Roncalliplatz,
gesehen von Nordwesten**

im Winter oben an die Außenwände! Eiskalt! Sämtliche Fenster sind undicht und ständig platzen Wasserrohre, weil man die Leitungsschlitze in den Wänden – warum auch immer – mit Lehm gefüllt hat. Der zerstört nun das Metall.

Das alles ließe sich reparieren und erneuern, mit viel Geld natürlich. Das eigentliche Problem aber sind die viel zu kleinen Fenster und die bescheidenen Geschosshöhen. Das Gebäude war ja gedacht als Wohnhaus für Geistliche. Der Volksmund taufte es nicht umsonst den »Prälatenbunker«. Also gab es im Inneren viele kleine Wohneinheiten. Inzwischen braucht man die nicht mehr. Es gibt ja immer weniger Priester. Aber für eine zeitgemäße Nutzung als Büros sind die Räume auch unbrauchbar: zu düster, die Decken zu niedrig, die Treppenhäuser nicht vorschriftsmäßig, und in den Aufzug kriegen Sie keinen Rollstuhl rein. Um all diese Probleme zu beheben, müsste man drinnen alles komplett entkernen und außen die Fensterfronten aufbrechen. Damit aber wäre der ganze Charme der Fassade hin.

Zwei Gutachter haben dem Domkapitel gesagt: Sanieren lohnt sich nicht, baut lieber etwas Neues hin! Doch kaum hatte das Kapitel sich dazu entschlossen, kam die Denkmalpflege um die Ecke und rief: »Halt, Stopp, Denkmalschutz!« Ich finde, das war eine Zumutung. Ein bisschen Sicherheit sollte ein Hausbesitzer schon haben. Das Erdgeschoss, wo früher das Diözesanmuseum untergebracht war, steht seit 2007 leer. Mehrere Interessenten, Gastronomen und Geschäftsleute auf der Suche nach einem geeigneten Lokal, haben am Ende abgewinkt und gesagt, das taugt ja überhaupt nichts. Kann man dem Besitzer einen Leerstand in solch einer Lage auf Dauer zumuten? Die Polizei hat inzwischen die Südwestecke gemietet, und das Domforum nutzte einen Teil der Räume als Ausweichquartier.

Wäre das Kuriengebäude wirklich so bedeutsam, hätte man es längst auf die Kölner Denkmalliste mit den schützenswerten Bauten der 1960er-Jahre geschrieben. In diese Liste ist es aber nie aufgenommen worden. Und das mit Recht. Der einzige Grund, warum wir überhaupt über dieses Haus reden, ist seine Lage. Woanders wäre es völlig uninteressant. Alter und Standort allein aber machen ein Gebäude noch nicht denkmalwürdig. In diesem Fall gilt sogar das Gegenteil: Die Stelle, wo wir hier sind, verdient eine Bebauung, die dem historischen Rang auch wirklich entspricht. Bis ins 17. Jahrhundert stand hier der Erzbischöfliche Palast aus dem 12. Jahrhundert, an den heute nur noch der Straßenname »Am Hof« erinnert. Zu seiner Zeit war er einer der großartigsten Profanbauten in ganz Deutschland, eine Pfalz wie in Goslar, mit einem 80 Meter langen, 14 Meter breiten doppelstöckigen Saal. 80 Meter, stellen Sie sich das mal vor! Was in allen alten Ansichten so riesig aus der ganzen kleinteiligen Bebauung der Kölner Innenstadt herausragt – das ist genau dieser Palast.

Im Zuge des großen Projekts »Historische Mitte« hat sich die Stadt Köln nun entschlossen, an diesem wichtigen Platz einen Neubau für das Stadtmuseum und das Studiengebäude des Römisch-Germanischen Museums zu errichten. Die Kirche will für

⋯⋯ **Blick auf das Kuriengebäude,**
im Hintergrund das Südquerhaus des Doms

die Dombauhütte ein neues Domizil und einen Ausstellungsteil realisieren. Den 2016 gemeinsam ausgelobten Wettbewerb hat das Büro Staab Architekten gewonnen. 2019 ist eine Gesellschaft bürgerlichen Rechts gegründet worden, die den Komplex plant und ihn auch errichten soll. Ein genauer Zeitplan lässt aber auf sich warten.

Mich elektrisiert der Gedanke an eine neue, anspruchsvolle Bebauung – als Architektin und als Bauhistorikerin. Auch Peter Zumthor, der Schweizer Star-Architekt und Erbauer des Museums Kolumba, kam an diesem Platz gleich ins Schwärmen: »Da muss doch was Kulturelles hin«, sagte er, und damit hatte er einfach recht.

Der verschwundene Stadtteil

Erinnerung an die Villa Lenders,
ein zerstörtes Relikt bürgerlicher Wohnkultur
im 19. Jahrhundert

Nach dem Beitrag über das »Kurienhaus« haben Sie womöglich den Eindruck gewonnen, ich sei ein Fan der Abrissbirne, um mit maroden Bauten fertig zu werden. Das stimmt natürlich nicht. Es gibt nur einen Unterschied zwischen Häusern aus den 1960er-Jahren, von denen wir in Köln wahrlich genug haben, und Bauwerken aus früheren Zeiten. Deshalb möchte ich jetzt mein Bedauern ausdrücken, dass die »Villa Lenders« an der Bonner Straße, für das sich so viele eingesetzt haben, abgerissen wurde, obwohl sie unter Denkmalschutz stand. Sie war eines der wenigen Häuser aus der Zeit um 1870 in Köln.

Auf der Höhe des früheren Gebäudes wird die neue Trasse der Nord-Süd-Stadtbahn aus dem Untergrund an die Oberfläche kommen und in der Mitte der Bonner Straße einiges an Platz wegnehmen. Die Stadt Köln aber wollte, dass stadteinwärts eine Rechtsabbiegerspur in die Schönhauser Straße erhalten bleibt. Einer entsprechenden Verbreiterung ist das Gebäude zum Opfer gefallen. Dabei sind die Zeiten, in denen »Stadtplanung« in erster Linie »Verkehrsplanung« bedeutete, doch eigentlich längst vorbei.

Natürlich, zuletzt sah die Villa scheußlich aus. Aber das ist eben so bei alten Gebäuden, die man über Jahre hat verkommen lassen. Der letzte Mieter, ein Teppichhändler, hatte das Haus durch seine aufdringliche Reklame zusätzlich verschandelt. 2013 musste auch noch die Dachbalustrade abgenommen werden. Sie sei wa-

∙ ∙ ∙ ∙ ∙ **Die Villa Lenders kurz vor ihrem Abriss im März 2018**

ckelig gewesen, hat die Stadt mir versichert. Doch das war nur der letzte Schritt vor dem Abbruch.

Wer sich vor der Villa einmal um die eigene Achse drehte, konnte auf den Gedanken kommen, dass alles ringsum so verhunzt ist, dass es nicht mehr darauf ankommt, wenn das hier auch noch verschwindet. Tatsächlich ist das ganze Geviert rund um die Kreuzung Bonner Straße / Schönhauser Straße die reinste Bankrotterklärung der Stadtplanung. Aber gerade in dieser furchtbaren Umgebung war die Villa Lenders ein letztes Relikt bürgerlicher Wohnkultur. Sie erinnerte an Zeiten, in denen es den Bauherren und den Bewohnern noch etwas bedeutete, dass ihre Wohnhäuser schön aussehen.

Einen trostlosen Anblick bietet das Areal nach dem Abriss der Villa Lenders

Die Villa wurde vom Kölner Hotelier Karl-Friedrich Mann gebaut, dem das damals sehr angesehene »Hotel du Nord« am Zentralbahnhof gehörte. Mann hatte das Grundstück einem Leinenhändler namens Hermann Lenders abgekauft, dessen Gutshaus gleich nebenan stand. Seinen neuen Wohnsitz machte er zum Mittelpunkt einer ganzen Siedlung, die als »Mannsfeld« sogar im Kölner Adressbuch stand. Die heutige Schönhauser Straße ließ Mann als repräsentative Zufahrt, den »Boulevard Bismarck«, anlegen und errichtete eine Reihe gutbürgerlicher Wohnhäuser im spätklassizistischen Stil. Wie viele, das weiß man gar nicht mehr ganz genau.

Ein Privatmann wurde hier also zum Motor der Stadtentwicklung. Das ist schon interessant. Klar, Karl-Friedrich Mann war auch Unternehmer und wollte mit seinen Immobilien Geld verdienen. Aber es ist doch etwas anderes, ob ein Investor lediglich auf den Profit schielt oder aber – so wie hier – auch bei Häusern für seine Mitbürger auf Qualität achtet.

Besonders spannend finde ich: Die ganze Siedlung war in ihrer Achse auf den Dom ausgerichtet! Und das zu einem Zeitpunkt, als der Bau noch gar nicht vollendet war, an einem Ort, der ja doch ziemlich weit weg vom Zentrum ist. Aber von ihren Dachterrassen aus konnten die Bewohner über die ganze Stadt hinweg auf die wachsenden Domtürme schauen. Das ist in zeitgenössischen Berichten auch so überliefert.

Im Stadtbild ist von alledem nichts mehr geblieben. Ein ganzer Stadtteil: spurlos verschwunden! Krieg und – ähem – Nachkriegsplanung haben Köln-Mannsfeld ein jähes Ende bereitet, bis auf den Namen einer Straße, einer KVB-Haltestelle, einer Apotheke. Und – bis zu ihrem Abriss – eben auch die Villa Lenders. Das alte Gutshaus der Familie Lenders war übrigens bereits um 1970 beseitigt worden. Der Name aber ging auf dieses Haus über. Und ich denke, als »Villa Lenders« bewahrte es auch den Geist des Ursprungs.

Die Planung der Stadt sah den Abriss schon 2013 vor. Es folgten Proteste von Denkmalschützern, aber auch von Anwohnern, denen die Villa am Herzen lag. Als ich vor Jahren einmal am Haus stand, hielt gleich ein Fahrradfahrer an und sagte zu mir, der Abriss wäre doch eine Riesensauerei.

Obwohl die Stadt zugesagt hatte, ihre Straßenplanung zu »überdenken« und nach einer Lösung zu suchen, die die Villa »respektiert«, war es schließlich 2019 so weit. Die Rechtsabbiegerspur wurde für wichtiger gehalten. Die Villa ist weg. Die Bebauung ist noch hässlicher geworden.

Die Villa hätte ein erstes bauliches Element zur Aufwertung der ganzen Umgebung sein können. Sicher aber stand sie für ganz viel Kölner Geschichte in dieser gesichtslosen Ecke.

Kinetik auf der Hohe Straße

Otto Pienes Skulptur »Licht und Bewegung« am Wormland-Haus sollte unbedingt wieder in Gang gebracht werden

Wer sich vor Weihnachten auf der Hohe Straße ins Getümmel wirft, der kommt bestimmt nicht der Architektur wegen. Ich sehe selten Leute, die nach oben gucken, wenn sie hier durchlaufen. Kein Wunder eigentlich, denn aufs Ganze gesehen, ist die Hohe Straße schon ziemlich schrecklich. Klar, hier sollten nach 1945 schnell die Kriegswunden im Stadtbild geschlossen werden. Das war in Köln nicht anders als in anderen Städten. Die Bebauung ist überall eher banal. Aber dafür, dass die Hohe Straße auch damals eine repräsentative Funktion erfüllen sollte, sind die Bauten hier doch erstaunlich qualitätslos. Es fehlt das gestalterische Element. Mit den Traufhöhen geht es wild durcheinander, wie in einem Gebiss mit schlecht gewachsenen Zähnen.

Aber dann gibt es die eine große Ausnahme: das Geschäftshaus Nummer 124 bis 128. Es wurde 1966 für den Unternehmer und Kunstsammler Theo Wormland gebaut. Der Auftrag zur Gestaltung der Fassade ging an den großen Künstler Otto Piene. Was wir heute dort vor uns sehen, ist seine Skulptur »Licht und Bewegung«, eines der bedeutendsten »kinetischen Kunstwerke« dieser Zeit, für die Piene berühmt ist. In den Kugeln, die auf Stäben in verschiedenem Abstand stecken, sind innen Lampen gewesen, deren Licht gegen die Fassade schien. Das Rad oben hat sich ursprünglich gedreht, auch mit Leuchten, die zum Teil ein Streiflicht auf die Fassade warfen oder sie direkt anstrahlten. Das Haus ist an beiden Schauseiten mit diamantartig geformten, polierten Stahlplatten verkleidet – typisch 1960er-Jahre übrigens, wenn Sie an Egon Eiermanns »Eierkartonfassaden« für die Hertie-Kaufhäuser denken. Und schauen Sie mal, die Plastizität des Diamantreliefs auf den Stahlplatten nimmt von unten nach oben ab, das ist schon sehr raffiniert gemacht, das Ganze. Jedenfalls muss die Reflexion des Lichts auf diesen Stahlplatten ein wirklich aufregendes Lichtspiel ergeben haben.

Ich selbst kenne das aber auch nur aus Beschreibungen, bin da also gewissermaßen genauso lichtblind wie alle, die heute hier vorbeikommen. Aber ist das nicht toll, dass jemand mitten in dieser Konsumtristesse so viel Sinn für Kunst hatte – und dafür einen so hoch angesehenen Künstler wie Piene gewinnen konnte? Piene hat 1957 zusammen mit Heinz Mack die Künstlergruppe »ZERO« gegründet und später den »Sculpture Prize« gewonnen, eine Art Oscar der bildenden Kunst. Die Älteren erinnern sich vielleicht noch, dass Piene die Eröffnung der Olympischen Spiele 1972 mitgestaltet hat, mit einer Installation aus Licht und Rauchzeichen. Es ist ein Jammer, dass eines seiner Hauptwerke in der Kölner City so in Vergessenheit geraten ist. Die Leute rennen achtlos vorbei oder denken, das sei irgend so ein postmoderner Kram.

Ein bisschen ist das mal wieder symptomatisch für Köln und die Kölner: Sie kümmern sich nicht um ihre Schätze, beachten und pflegen sie nicht. Das ist eine Lieblosigkeit, die so gar nicht zur angeblichen Liebe der Kölner zu ihrer Stadt passen will. Ich lebe jetzt so lange hier, dass ich mich in vielem selbst als Kölnerin fühle. Aber diesen Mangel an Sorgfalt im Detail – den sehe ich bis heute aus der verwunderten Außenperspektive. Ich glaube aber, das geht vielen echten Kölnern genauso, besonders im Vergleich zu anderen Städten. Man muss kein Imi sein, damit einem der Unterschied in puncto Stadtpflege auffällt. Viele Hausbesitzer schmücken ihre Fassaden mit allerhand Lichtern. Aber ausgerechnet da, wo es schon ein Lichtkunstwerk gibt, bleibt die Fassade dunkel. Wäre es nicht toll, »Licht und Bewegung« wieder zum Laufen und zum

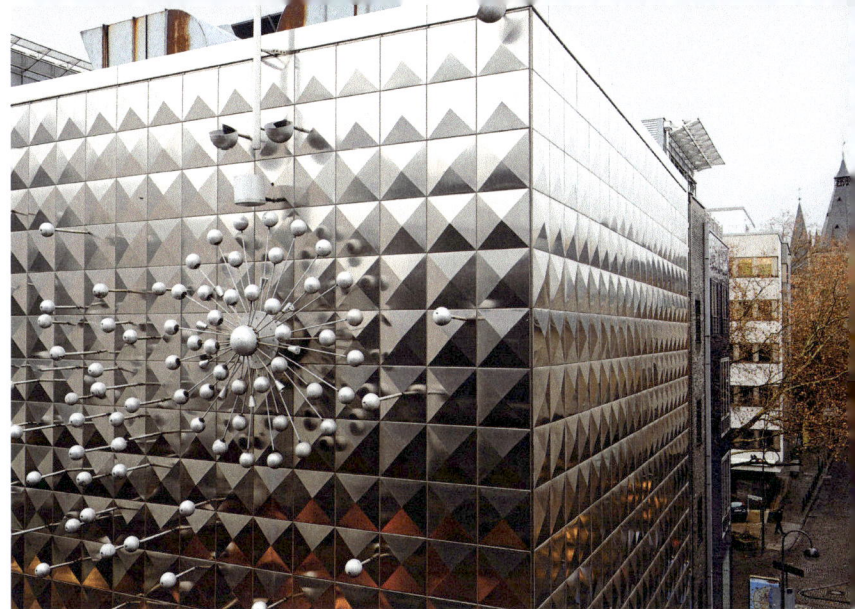

Otto Pienes Skulptur »Licht und Bewegung« auf der Hohe Straße

Leuchten zu bringen? Denn, wie gesagt, es muss fantastisch ausgesehen haben. Und es könnte wieder ein Höhepunkt in dieser Einkaufsstraße sein. Stellen Sie sich das mal in der Fernperspektive vor: Schon wenn Sie vom Wallrafplatz in die Hohe Straße einbiegen, hätte dieses Haus ein Alleinstellungsmerkmal sondergleichen. Da würden die Leute auch mal von den Schaufenstern weg nach oben gucken und hätten was zum Staunen.

Otto Piene starb am 17. Juli 2014 in Berlin. Die Hoffnung, er werde die Wiederinbetriebnahme seiner Skulptur noch erleben, hat sich nicht erfüllt. Zwei Initiativgruppen hätten es fast geschafft. Aber beide Male stellten sich die Eigentümer des Hauses quer. Nach einem Eigentümerwechsel soll Pienes Kunstwerk nun ganz verschwinden, damit ins erste Obergeschoss des Hauses Fenster eingebaut werden können. Dazu will der Eigentümer den bestehenden Denkmalschutz aufheben lassen. Derweil verkommt das Haus immer mehr. Ich befürchte, am Ende wird es an den nächsten Investor weitergereicht.

Schmuddelecke mit schmalem Gehweg

Das heruntergekommene Gebäudekarree am Südende des Roncalliplatzes dokumentiert das Fehlen eines echten Stadtraummanagements für Köln

Im Karree am Südende des Roncalliplatzes, das von den Straßen Unter Goldschmied, Große Budengasse und Sporergasse gebildet wird, stehen seit Ende 2010 sämtliche Gebäude praktisch leer. Nur in den Erdgeschossen sind ein paar Mieter geblieben. Anfangs fiel es nicht weiter auf, dass Stadtverwaltung und WDR ausgezogen waren. Aber mit der Zeit sind die Fenster blind geworden, kaputte Jalousien hängen herunter, einzelne Platten der Fassadenverkleidung fehlen, das ganze Areal verkommt.

Besonders eklig ist die Einfahrt zum ehemaligen WDR-Parkhaus Unter Goldschmied. Ich glaube, da hat seit Jahren keiner mehr sauber gemacht. Solch eine verwahrloste Ecke ist schon an sich eine Zumutung. Aber dann auch noch mitten in der Stadt, an einer prominenten Hauptverbindung zwischen Bahnhof, Dom, Rathaus und Altstadt, die von vielen Besuchergruppen genutzt wird! Was ist das für eine Visitenkarte? Seit 2010 hat sich im Parkhaus ein bisschen was getan: Ein – wie die Kölner sagen – schangeliger China-Imbiss ist ausgezogen, ein Kiosk wurde eingebaut. Die Gesamtsituation aber ist unverändert. Ein erster Investor, der das Areal entwickeln wollte, hat es an einen niederländischen Konzern verkauft. Der hatte vor, ein Einkaufszentrum zu errichten. Als die Stadt Köln das untersagte, kam eine französische Gruppe dran. Sie hatte die gleiche Idee wie der Vorbesitzer, doch erneut untersagte die Stadt den Bau eines Einkaufszentrums. Danach ging das

**Leerstand und Verwahrlosung
Unter Goldschmied**

Quartier an die Düsseldorfer Gerch Group. 2016 fand ein städtebaulicher Wettbewerb statt. Das Ergebnis war aber nicht baureif. Der Investor wollte keine Einmischung der Stadt in die Planung dulden. Aber einen schicken Namen hat das Quartier schon mal: »Laurenz-Carré«. Im Erfinden solch anspruchsvoller, edler Etiketten ist man gut. Meist aber löst das, was dann kommt, das Edle nicht ein. Zehn Jahre nach den ersten Überlegungen hieß es, man habe sich nun endlich geeinigt. Doch niemand wusste zu sagen, was denn nun werden würde – am wenigsten die Kölnerinnen und Kölner. Klar ist: Durch die vielen Weiterverkäufe ist der Renditedruck immer größer geworden. Ob unter diesen Umständen überhaupt noch – wie ursprünglich gewünscht – Wohnungsbau möglich ist, halte ich für sehr fraglich: Ein Investor, ein Architekt, hoher Kostendruck, in dieser Kombination lässt das nicht auf eine kleinteilige, urbane Architektur hoffen.

Der Siegerentwurf des Kölner Architekturbüros Kister Scheitheiser Gross sieht jedenfalls keine für die Innenstadt charakteristi-

Ein Schandfleck für die Innenstadt

sche Architektur vor, sondern die obligatorischen einheitlichen Klötze und eine zu große Gebäudehöhe. Derzeit aber ist die Situation des Karrees – gerade für Besucher – auch noch aus einem zweiten Grund ein Ärgernis: Der Bürgersteig gegenüber dem Haus an Unter Goldschmied ist extrem schmal. Zu mehreren kann man ihn eigentlich nur im Gänsemarsch benutzen, und wenn einem dann noch Fußgänger entgegenkommen, ist sowieso Feierabend. Aber das ist halt ein Weg, auf dem viel Betrieb ist, wenn die großen Gruppen von den Rheinschiffen in die Stadt strömen: Zur Archäologischen Zone, zum Wallraf-Richartz-Museum, zum Rathaus und zurück über den Roncalliplatz zum Dom ist diese Straße die Hauptverbindungsachse. Und die wirkt nun erstens schmuddelig und ist zweitens viel zu eng. Das ist doppelt peinlich.

Jetzt könnte einer auf ganz listig machen, die kölsche Karte spielen und sagen: »Schmuddelig und eng? Na und? So isses halt in Kölle.« In einem lauschigen Gässchen zwischen mittelalterlichen Häusern mag das ja seinen Charme haben, nicht aber in dieser prosaischen Nachkriegsarchitektur. Und ich verstehe auch nicht so ganz, warum nicht wenigstens der Gehweg verbreitert wird. Meine wiederholte Forderung hat insofern Wirkung gehabt, als die Stadt darauf verzichtet hat, einen Teil der Fläche als Stellplätze für Pkw auszuweisen. Parkhäuser gibt es in der Innenstadt ja nun wahrlich genug: das große unter dem Roncalliplatz ist das nächstgelegene, und gegenüber dem Einwohnermeldeamt befindet sich ein weiteres.

Somit fehlen die sieben Parkplätze an der Straße niemandem. Mit Pollern versehen, hat sich der Zustand an Unter Goldschmied immerhin ein wenig verbessert.

Nun soll das Ganze ja vielleicht alles irgendwann einmal Teil der »Via Culturalis« werden. Aber das dauert noch so lange, dass eine »provisorische Lösung« auch auf mittlere Frist schon eine Menge brächte. Hat Köln nicht vor ein paar Jahren ganz stolz eine »Stadtraummanagerin« präsentiert? Von deren Wirken habe ich noch nicht allzu viel wahrgenommen. Dabei wäre es die klassische Aufgabe für jemanden mit einem solchen Job, zu überlegen: Wie geht die Stadt um mit dieser ... na ja, »Promenade« wäre wohl ein allzu großes Wort. Aber wenigstens in diese Richtung könnte es gehen.

Der Müll und die Edel-Clochards

Wenn uns die Stadt am Herzen liegt, müssen wir ihr Erscheinungsbild gemeinsam pflegen

Zu meiner täglichen Morgenlektüre im »Kölner Stadt-Anzeiger« gehören die Leserbriefe. Einmal beschwerte sich Andrew Macneille aus Köln über »Rudel« fröhlicher junger Männer und Frauen, die für Junggesellen- bzw. Junggesellinnenabschiede über die Innenstadt herfielen und sich mit »dummen Spielchen« nach allen Regeln der Kunst danebenbenähmen. Der Mann sprach mir aus dem Herzen. Nicht weil ich etwas gegen Überschwang am Vorabend einer Hochzeit hätte. Wahrscheinlich ist es ja so, dass die Leute den Gang zum Standesamt irgendwie doch mit Arriviertheit und dem Verlust jugendlicher Freiheit verbinden und denken, sie müssten vorher noch mal »richtig die Sau rauslassen«. Oder sollte ich das vornehmer formulieren? Mir kommt dieses Verhalten zwar komisch vor, aber ich verstehe den Mechanismus.

Nein, dass ich den Ärger des Leserbriefschreibers so gut nachvollziehen konnte, hat einen anderen Grund. Seine Schilderung deckt sich mit einer Reihe von Beobachtungen, die ich immer häufiger mache. Zum Beispiel diese: Vor ein paar Tagen, so um die Mittagszeit, liefen fünf auffallend gut angezogene Menschen am Parkplatz vor unserem Haus vorbei, als ich gerade vom Einkaufen kam. Einer aus der Gruppe hatte eine Dose des Getränks in der Hand, das angeblich Flügel verleiht. Entsprechend beschwingt, stellte er die leere Dose auf den Kasten, auf dem die Parkschranke aufliegt. Natürlich fegte der nächste Windstoß sie dort herunter. Ich guckte irritiert, was diese fünf Vertreter der feinen Gesellschaft sehr zu amüsieren schien. Jedenfalls lachten sie mich völlig ungeniert aus. Etwas Ähnliches erlebe ich in der Außengastronomie, wenn die Gäste seelenruhig zuschauen, wie ihre Servietten weggeweht werden. Oder wenn Zeitungen auf den Stühlen liegen bleiben, die dann gleichfalls in der Gosse landen.

Und eine dritte ganz konkrete Episode. Sie handelt von einer Grundschulklasse, die auf der Treppe vor dem neuen Eingang zu den Domtürmen saß, um ihr Pausenbrot zu essen. Am Ende standen die Kinder alle auf und ließen ihre Butterbrotpapiere, Plastiktüten und Getränkepackungen mitten auf der Treppe liegen. Ein Helfer der Dombauhütte, der die Flächen rund um den Dom sauber hält, wandte sich an die Lehrerin und bat darum, dass die Schüler doch bitte ihren Müll aufheben möchten. »Wieso?«, antwortete die Dame trotzig. »Dann haben Sie ja nichts mehr zu tun.«

Ich weiß davon überhaupt nur, weil der Mitarbeiter ganz konsterniert zu mir gelaufen kam und wissen wollte, ob er sich das habe gefallen lassen müssen oder ob er sich irgendwie falsch verhalten habe. »Hätte ich das nicht sagen dürfen?« – »Natürlich durften Sie das! Der Fehler lag nicht bei Ihnen«, habe ich ihm geantwortet. – Machen wir uns nichts vor: so ein Bauhelfer, das ist ein einfacher Mann. Das hat diese studierte Dame wohl auch gemerkt und gedacht, »was redet mich dieser Kretin da von der Seite an?«. Aber Anstand und Herzensbildung sind nun mal keine Frage des akademischen Grades.

Das Verbindende an all diesen Geschichten ist für mich, dass die Akteure nicht zu jenen »Randgruppen« gehören, die man mit gutbürgerlicher Arroganz so gern für die Verschmuddelung der Stadt verantwortlich macht: die Jugendlichen, die Punks, die Penner, vielmehr sind es die – ich nenne sie mal so – Edel-Clochards mit den vermeintlich guten Manieren. Denen sage ich: »Ihr tut so, als wärt ihr ganz toll, aber in Wahrheit seid ihr keinen Deut besser!« Ich kann es nur wiederholen: Ich bin keine Sauberkeitsfanatikerin, die sich die Stadt adrett und blitzblank wünscht wie eine Hotellobby. Aber weil sich gerade die sogenannten besseren Kreise

immer so über Köln und den Müll echauffieren, sollten sie mal darüber nachdenken, was sie selber dazu beitragen. Ich will jetzt gar nicht wieder vom speziellen Verhältnis der Kölner zu Köln anfangen.

Aber im Vergleich zu anderen Städten, denen gemeinhin kein hohes Identifikationspotenzial nachgesagt wird, fällt schon auf, dass der angeblichen Liebe der Kölner zu ihrer Stadt kein sonderlich liebevoller Umgang mit ihr entspricht. Stuttgart zum Beispiel, das ich als Schwäbin gut kenne, ist viel sauberer. Paris war früher sehr schmuddelig, hat sich aber herausgeputzt. Budapest ist geradezu ein Ausbund an Sauberkeit. Allerdings habe ich dort viel mehr Reinigungspersonal gesehen. Es ist halt alles auch eine Frage des Einsatzes öffentlicher Mittel. Andererseits: Ich war neulich in Hamburg. Da kam es mir mindestens so dreckig vor wie hier. Es ist also kein reines Kölner Problem. Seit einiger Zeit ertappe ich mich dabei, dass ich mich in der Stadt nach Papier oder Plastiktüten bücke und sie in den nächsten Mülleimer befördere. Und ich gebe auch zu, ich komme mir jedes Mal wahnsinnig spießig vor. Aber irgendwie stimmt doch der alte Spruch, jede Veränderung beginnt

bei einem selbst. Also werde ich mich auch beim nächsten Mal wieder bücken. Manche setzen ja auf Streifengänger des Ordnungsamts und auf Bußgeldkataloge. Aber trotz der vermehrten Kontrollen hat sich über die Jahre nichts Entscheidendes geändert.

Im Grunde widerstrebt mir ja diese Polizeistaats-Denke. Zugegeben, bei so manchen Müllexzessen wünschte ich mir, dass eine Streife entlangkäme und die Leute abkassierte. Aber wenn sie sich nur aus Angst vor Strafe ordentlich benehmen, dann ist mir das zu wenig. Es geht doch um ein Bewusstsein für das Gemeinwesen.

Neun Helden mit Kampfesmut und Klugheit

Skulpturen im Hansasaal des Rathauses verkörpern die Ideale des Bürgertums

Es ist schon eine Weile her, dass ich beim Warten auf einen offiziellen Anlass im Hansasaal des Rathauses neben einem Mitglied des Stadtrats saß. Im Small Talk kamen wir auf die gotischen Statuen an der Stirnseite, und ich merkte: Mein Gesprächspartner hatte keinen blassen Schimmer, was es mit diesen neun Rittern auf sich hat. Jedenfalls fand er ungeheuer spannend, was ich ihm darüber zu erzählen wusste. Es hat offenbar etwas für sich, dass wir Kunsthistoriker in bestimmten Fragen einen Bildungsvorsprung haben. Und ich dachte mir: Diese ausgesprochen qualitätsvollen und spannenden Skulpturen aus der Zeit zwischen 1320 und 1330 haben eine größere Bekanntheit verdient. Du musst sie unbedingt mal vorstellen!

Es handelt sich dabei um die »neun guten Helden«. Von links nach rechts als Erstes drei Christen: Kaiser Karl der Große, König Artus und Gottfried von Bouillon. Es folgen drei Juden, sämtlich Gestalten aus dem Alten Testament, nämlich Josua, dann in der Mitte König David, ausnahmsweise nicht als Musiker wiedergegeben, sowie rechts von ihm der Freiheitskämpfer Judas Maccabäus. Und schließlich Alexander der Große, Hektor und Julius Caesar als Vertreter der heidnischen Antike.

Jede dieser Persönlichkeiten war einem gebildeten Menschen des Mittelalters bekannt und vertraut. In dieser Zusammenstellung traten sie erstmals zu Beginn des 14. Jahrhunderts in einem französischen Versepos aus dem höfisch ritterlichen Milieu auf.

Bald darauf entstand daraus in den Niederlanden eine weitverbreitete populäre Fassung, und diese dürfte auch die Kölner erreicht haben, die damals gerade ihr Rathaus bauten. – Die verantwortlichen Ratsherren entschlossen sich, die neun guten Helden abzubilden. Diese kamen damit zum ersten Mal in den Genuss einer plastischen Darstellung. Spätere Versionen finden sich zum Beispiel am »Schönen Brunnen« in Nürnberg. Aber mit dieser frühesten Fassung bewies der Kölner Rat damals Fortschrittsgeist – ästhetisch und programmatisch. Keine der Figuren trägt individuellporträthafte Züge. Sie sind als Typen aufgefasst, als Gruppe in den gleichen zeitgenössischen Waffenröcken. Vorbildhaft stellen sie nicht nur – was bei Rittern ja naheliegt – Mut und Tapferkeit dar, sondern auch Besonnenheit. Achten Sie einmal darauf: Keiner dieser neun Kämpfer ist als Haudrauf oder Berserker gezeigt, sondern sie stehen in variantenreichen, zum Teil sehr nachdenklichen Posen da.

Das gilt insbesondere für König Artus, den Gründer der berühmten Tafelrunde. Karl der Große wird als Rhetor mit entsprechender Gestik gezeigt. Judas Maccabäus richtet den Blick vergeistigt zum Himmel. Als Einziger hat Gottfried von Bouillon, als Kreuzritter und Eroberer Jerusalems zur damaligen Zeit der christliche Held schlechthin, das blanke Schwert in der Hand. David zieht es gerade aus der Scheide, Caesar hat lediglich die Faust am Schwertknauf. Alle anderen haben ihre Waffe fein säuberlich verstaut. Soll heißen: Wir sind zwar bereit, für unsere Ideale zu kämpfen. Aber nicht, ohne vorher nachzudenken.

Dieses doppelte Programm von Kampfesmut und Klugheit wollten die Kölner Ratsherren zum Ausdruck bringen. In der ersten Hälfte des 14. Jahrhunderts bildete sich aus den reich gewordenen Kaufmannsgeschlechtern der Stadt eine neue Führungselite heraus. In den neun guten Helden stellten sich diese Patrizier gewissermaßen selbst dar. Die Skulpturen verkörperten einerseits den Anspruch des Bürgertums, mit dem Adel gleichzuziehen. Andererseits signalisierten sie die Bereitschaft der Ratsherren, sich und

künftige städtische Honoratioren am Ideal der neun guten Helden messen zu lassen. Ein hoher Anspruch, der das Selbstbewusstsein der Herren spiegelt! Aber auch eine recht einseitige Wahrnehmung. Denn zumindest aus heutiger Sicht wirkt es schon eigenartig, dass sich der Magistrat im Rathaus auf jüdische Vorbilder beruft und diese gleichberechtigt neben einen König Artus oder einen Julius Caesar stellt, während er draußen zeitgleich das jüdische Getto räumen lässt. Ich will jetzt gar nicht von »guten Juden« und »bösen Juden« reden, aber augenscheinlich hatten die Vertreter der Kölner Bürgerschaft mit Juden aus der Bibel weniger Probleme als mit deren zeitgenössischen Glaubensgeschwistern. Durch

die unterschiedslose Reihe von Heiden, Juden und Christen gab sich der Magistrat der Stadt ungeheuer weltoffen. Das eingangs erwähnte Ratsmitglied war auch gleich ganz begeistert, weil sich hier in diesem Figurenprogramm schon zu Beginn des 14. Jahrhunderts die sprichwörtliche Toleranz der Kölner manifestiert hat. Ich selbst hab's zwar nicht so mit dieser kölschen Selbstverliebtheit, aber spannend ist der Aspekt zweifellos.

Nicht unerwähnt lassen will ich die Architekturzitate, von denen die Ritterfiguren umgeben sind: Konsolen, Baldachine, Fialen usw. Fabelhafte Arbeit! Sie stammt – nun ja – von der Dombauhütte, woher sonst? Niemand anderes in der Stadt hätte in dieser

Zeit solch eine Qualität liefern können. Da hat der Rat seinerzeit einfach die Steinmetzen vom Dom herüber ans Rathaus geholt. Auch die Arbeit an den Figuren steht in der Tradition der am Dom tätigen Bildhauer. Das können Sie zum Beispiel an dem Hund sehen, der zu Füßen Gottfried von Bouillons liegt und an einem Knochen nagt. Der Hund ist ein verbreitetes Symbol für Treue. Aber die konkrete Darstellung mit den Schlappohren und dem Knochen findet sich exakt im Chorgestühl des Doms wieder. Ohne Hund und Schwert, dafür mit einem Pilgerstab in der Hand, steht ein »Zwilling« Gottfrieds im Xantener Dom. Dort stellt er den Ortsheiligen, Viktor, dar.

Bevor Sie jetzt an Plagiate oder so etwas denken, muss ich Ihnen den mittelalterlichen Kunstbetrieb erklären, den Sie sich als eine gut vernetzte Szene vorstellen können: Als im Kölner Dom die Figuren an den Chorpfeilern und am Hochaltar fertiggestellt waren, gab es nicht mehr allzu viele Aufträge für Bildhauer. Eine Gruppe von ihnen zog also weiter an den Niederrhein, wo die Xantener mit ihrem Dombau beschäftigt waren. Aber das Geld war dort knapp. Entsprechend langsam schritten die Arbeiten voran. Da hörten die Bildhauer vom Neubauprojekt Kölner Rathaus, witterten ihre Chance, zogen wieder rheinaufwärts und brachten so auch ihre Modelle mit zurück nach Köln. Nach dem Motto: ob nun Viktor von Xanten oder Gottfried von Bouillon – egal! Warum ei-

Symbol der Treue: Hundefigur am Fuß der Statue Gottfried von Bouillons

König Artus aus der Reihe der »Neun guten Helden«

nen guten Entwurf nicht mehrfach verwerten? Bis zum Zweiten Weltkrieg waren die Figuren der neun guten Helden übrigens bemalt. Die elegante farbliche Fassung ist aber verloren gegangen, als die Statuen im Rathauskeller zwischengelagert waren und dort durch, sagen wir, »Verkettung widriger Umstände« in Brand gerieten. Danach waren sie bis zu ihrer Restaurierung in beklagenswertem Zustand. Jetzt sehen sie wieder gut aus, nur sind sie halt nicht mehr koloriert.

- *Wer mehr über die Geschichte der neun Helden wissen will,*
- *dem lege ich den Band »Das gotische Rathaus und seine*
- *historische Umgebung« ans Herz, herausgegeben von Walter*
- *Geis und Ulrich Krings, in der vorzüglichen, aber leider nicht*
- *mehr fortgesetzten Reihe »Stadtspuren«. Für Besichtigungen*
- *empfehle ich Ihnen zudem, sich vorher anzumelden.*

Lehrpfad für Architekturgeschichte

Breite Straße und Ehrenstraße sind mehr als eine Shoppingmeile

Jeder Kölner, jede Kölnerin, das wage ich zu behaupten, war schon einmal auf der Breite Straße und der Ehrenstraße unterwegs. Und ich bin auch sicher, allen fallen sofort Geschäfte ein, die dort ihren Sitz haben – traditionsreich gediegene ebenso wie neue, exotische. Ich möchte Sie heute von sämtlichen Angeboten ablenken. Achten Sie ausnahmsweise nicht auf die Schaufenster, sondern legen Sie den Kopf in den Nacken! Schauen Sie sich die Geschäftshäuser als Ganzes an. Ich verspreche Ihnen da allerhand Aha-Erlebnisse. Breite Straße und Ehrenstraße sind nämlich nichts weniger als ein Lehrpfad für die Architekturgeschichte des 20. Jahrhunderts.

Es fängt an der Nord-Süd-Fahrt gleich hochdramatisch mit den WDR-Arkaden an, die Vater Gottfried und Sohn Peter aus der Böhm-Dynastie gebaut haben. Der Entwurf ist typisch für die 1990er-Jahre, weil er die Fenster nicht in der ebenen Fläche belässt, sondern in Quadern nach außen gegeneinander verschiebt, besonders schön zu beobachten an der Ecke zur Nord-Süd-Fahrt, die dadurch besonders betont wird. Ein Stilmittel, das einem abgewandelt – nämlich mit einem in Richtung Neven-DuMont-Straße vorgeschobenen Rund – etwas weiter die Straße hinunter auch am Einkaufszentrum Quincy begegnet, dem früheren DuMont-Carré. Gleich in der Nähe der Arkaden sieht man aufs rein Funktionale reduzierte Formen, wie sie für den Wiederaufbau nach dem Zweiten Weltkrieg charakteristisch sind und insofern auch ein Stück Historie repräsentieren. Manche sehen noch heute aus wie Provisorien.

Einkaufszentrum auf der Breite Straße (Ulrich Coersmeier)

Es wäre freilich völlig falsch, sich durch solche Banalitäten abschrecken zu lassen. So stoßen Sie schon ein paar Meter weiter links auf die ehemalige »Schweizer Ladenstadt«, die heutige Opernpassage. Fassaden mit Keramik-Formsteinen waren ursprünglich eine Erfindung des berühmten Architekten Egon Eiermann für das Kaufhaus Horten in Stuttgart, sie wurden später als Selbstläufer vielfach kopiert. So auch hier. Schweigen wir von dem darunter gesetzten Glasvordach und dem monströsen Dachaufbau! Würdigen wir stattdessen lieber eine seinerzeit so originelle wie beliebte Formgebung der 1960er-Jahre!

Der nächste Höhepunkt ist links das ehemalige Kaufhaus Peter (heute Karstadt) von 1910 bis 1914, eine Mischung aus spätem Jugendstil und frühem Neoklassizismus. Die Fassade dieses einst vierflügeligen Prachtbaus ist aufwendig mit Ornamentbändern

Opernpassage (ehemals Schweizer Ladenstadt) mit Keramikelementen der 1960er-Jahre

gestaltet. Sie wurde nach 1945 nicht saniert, sodass Abplatzungen und Einschusslöcher aus dem Zweiten Weltkrieg sichtbar sind wie Schrunden und Narben auf einer verletzten Haut. Sind Ihnen die jemals aufgefallen? Mir bislang nicht, woran ich gemerkt habe, wie sehr ich mich doch als Konsumentin in Einkaufsstraßen auf das Erdgeschoss zu konzentrieren pflege.

Wechseln wir auf die andere Straßenseite: Das WDR-Gebäude am Hanns-Hartmann-Platz soll – typisch für die 1950er-Jahre – den Eifer derer nach außen darstellen, die hier arbeiten. So oder so ähnlich sehen unzählige Verwaltungsgebäude dieser Zeit aus: viele, viele kleine Fenster nebeneinander und hinter jedem sitzt unverdrossen einer bei der Arbeit. Der gebaute Fleiß! Eine Weiterentwicklung der Reihenfenster zeigt der nächste Abschnitt hinter der Querstraße Auf dem Berlich: Fassaden mit Bänderfenstern, die nicht mehr durch Mauerabschnitte unterbrochen sind. Auf die Nierentisch-Ästhetik der 1950er-Jahre verweisen kleine vorgeblendete Zierbalkone mit ihren Zickzackmustern aus Eisenbändern.

Die Kriegsschäden an der Fassade des ehemaligen »Kaufhaus Peter« sind noch immer sichtbar

Etwas weiter, Hausnummer 161 bis 167, ist der Zeitgeist der 1980er-Jahre lebendig: Damals garnierte man wenig Architektur mit viel Bronze, Naturstein und Spiegelglas – Chichi, bei dem der Betrachter heute zu Recht fragt: Was soll das Ganze eigentlich? Dann drehen Sie sich bitte kurz um – und Sie stellen mit Erstaunen fest: Da gibt es ja wieder was richtig Historisches! Haus Nummer 118 bis 120 ist sicher in den 1920er-Jahren errichtet worden. Die Ornamentik ist weniger verspielt als beim Karstadt- Gebäude. Alles ist hier härter, fester. Man arbeitet mit pseudoantikisierenden Formen, denen freilich nicht aller Charme genommen ist: Blumenkübel, Vater mit Sohn, Mutter mit Tochter als Kunst am Bau ...

Dass es so etwas hier noch gibt, weiß ich auch noch nicht lange. Alles eine Frage der Wahrnehmung! In den 1960er- und 1970er-Jahren gab es – in England entwickelt – einen Architekturstil mit dem schönen Namen »Brutalismus«, der bewusst schwere Betonformen verwandte. Auch er hat seinen Niederschlag auf der Breite Straße gefunden, nämlich im Wohnhaus links am Willy-Millo-

• • • • • **Stilvielfalt vom neugotischen Historismus bis zur zeitgenössischen Moderne**

witsch-Platz. Allerdings – das muss ich zur Ehrenrettung der Brutalisten sagen – ein Niederschlag auf einem weit heruntergebrochenen Level. Genau gegenüber, vor dem Übergang zur Ehrenstraße an der Ecke zur St.-Apern-Straße, wiederum befindet sich eines der charmantesten Gebäude des ganzen Straßenzugs. 1890 bis 1895 errichtet, hat der Architekt die Ecksituation durch späte neugotische Formen aufgelockert, nicht ganz puristisch, nicht sakral, obwohl es auch eine Muttergottes ganz oben am Erker gibt. Die Fenster haben Spitzbogen, über die Fassade ziehen sich Flächenmaßwerk und sehr schöne Laubfriese, die die Geschosse voneinander trennen. Alles in allem eine reiche Gestaltung, mit der ein Stück Lokalkolorit und die Reminiszenz an das mittelalterliche Köln vermittelt werden sollen.

······ **Wohnhaus am Willy-Millowitsch-Platz im Stil des »Brutalismus«**

Eine weitere städtebauliche Eigenart zeigt exemplarisch das Haus Ehrenstraße 21, das mich übrigens auf die Idee für dieses ganze Flanieren mit dem Blick nach oben gebracht hat. Weil im Mittelalter die Steuerlast für Hausbesitzer nach der Gebäudeseite zur Straßenseite hin berechnet wurde, sind die Häuser sehr schmal, aber dafür möglichst tief. Viele Gebäude auf der Breite Straße wie auf der Ehrenstraße haben diese Situation bewahrt – bis hin zu Fassaden, die nicht viel breiter sind als ein großes Fenster. Doch selbst diese schmale Fassade hat der Architekt noch mit Säulen aufgewertet.

Späten Jugendstil mit Blumenranken, Kränzen, Schleifen, den typischen Schlingenformen an dem Tympanon zwischen zwei Mädchenköpfen – einer leider verwittert – zeigt Haus Nummer 40. Original aus dieser Zeit ist auch der einzige Balkon mit seinem Eisengitter aus ineinandergeschobenen, nicht konzentrisch ausge-

Jugendstil und Moderne

richteten Kreisen. Aus dem Vergleich mit dem Nachbargebäude ließe sich leicht eine Lehrstunde für Architekturstudenten über die Gegensätze zwischen Historismus und Jugendstil entwickeln. Hätte man mich vor Kurzem nach Jugendstil auf der Ehrenstraße gefragt, hätte ich bestimmt den Kopf geschüttelt: Nein, hier doch nicht! Aber dann das hier: die Bogenformen, der herausgezogene Erker, auch die hervorschwingenden und dann wieder in die Fassadenfläche zurückgenommenen Balkone – das ist nicht der ganz verspielte, sondern der stärker geometrisch orientierte Jugendstil. Sehr charakteristisch, sehr qualitätvoll! Spannend, sich so etwas einmal anzusehen, und die Hilfe zur Datierung ins Jahr 1902 liefert die Fassade dankenswerterweise gleich mit.

Zur Benesisstraße hin zurückspringend, fällt linker Hand ein Werk des Architekten Gruhl ins Auge: der Versuch, den internationalen Dekonstruktivismus nach Köln zu holen. Ich bin mir nicht sicher, ob die Erfinder dieses Stils das Ergebnis goutieren würden, das jetzt dort oben – mehr oder weniger sinnvoll – die Dachzone ziert. Aber in dieser kölschen Variante liegt, so könnte man sagen, eben auch etwas Eigenes. Und es ist immerhin bemerkenswert, dass es den Dekonstruktivismus bis in die Ehrenstraße verschlagen hat. In ihrem letzten Abschnitt vor den Ringen sind die Kriegsschäden vergleichsweise gering. Es haben sich noch viele Gebäude der Gründerzeit erhalten. Ich möchte Sie besonders auf das dreiteilige Ensemble mit den Hausnummern 84 bis 88 aufmerksam machen, an dem man die Architekturprinzipien jener Zeit sehr schön studieren kann. Jedes Haus ist für sich entworfen. Alle weichen in Proportionen und Geschosshöhen leicht voneinander ab. Für die Fassadengestaltung aber gab es regelrecht Kataloge, aus denen sich die Architekten bedienen konnten: dreieckige Giebel, runde Giebel, Keilsteine, Konsolen, Büsten und vieles mehr. Das alles ist damit natürlich standardisiert, aber bis heute sehenswert.

**Architektur-Dekor von der Stange.
Auch der Historismus kannte Vielfalt**

Ein kurzer Blick zurück auf das Haus Nummer 80/82: Hier geht die Gestaltung der späten 1920er, frühen 1930er-Jahre weg vom Jugendstil bereits ins Art Deco über – in einer verhärteten Form, mit diesen quadratischen Geländern, sehr streng. Das hat man auch nicht so häufig.

Ganz am Ende der Ehrenstraße noch einmal etwas sehr Gegensätzliches: Da ist zum einen das Haus Nummer 100 aus den 1990er-Jahren mit auf- und zufahrbaren Fassadenelementen. Wenn sie geöffnet sind, stehen sie wie Querwände vor der Fassade. Im geschlossenen Zustand zeigen sie ein Pflanzendekor, das sich über die ganze Fläche zieht – eine durchaus neue Entwicklung der Fassadengestaltung.

Ähnlich pompös wie das Entree zur Breite Straße mit den WDR-Arkaden fällt dann auch rechter Hand der Abschluss der Ehrenstraße aus: diesmal mit einem prachtvollen Gründerzeithaus.

Zu den Ringen hin weist es einen schönen Ziererker auf. Gott sei Dank ist auch noch die originale Dachlandschaft mit einer fast kuppelförmigen Eckbetonung erhalten. Roter Sandstein und Ziegel wechseln einander sehr geschmackvoll ab. Achten Sie wieder auf Schmuckelemente wie die gevierteten Muscheln: Das sind erneut Beispiele für Bauteile, die der Architekt fertig bestellen konnte und nur noch einmauern lassen musste. Aber hier eben als Bestandteil eines höchst anspruchsvollen Baus – mit dem unser Gang durch eine Kölner Einkaufsmeile und zugleich ein Jahrhundert Architekturgeschichte endet.

Musik unterm Fenster

Karibikklänge, Dixiesound und Dudelsack – und der Umschwung von guter Laune zu Fluchtreflex

Als Bewohnerin der Innenstadt genieße ich das urbane Treiben vor der Haustür. Seit die Skater mit ihrem Lärm von der Domplatte verschwunden sind, ist es toll hier – oder, wie der Freund meiner Tochter einmal den Blick aus unserem Fenster auf den Roncalliplatz kommentierte: »Besser als 24 TV-Kanäle!«

Nur eine Eintrübung musste ich aus der Zeit mitnehmen, als ich noch direkt am Roncalliplatz wohnte: Mein Verhältnis zur Musik hat sich zunehmend geändert. Köln ist voller Musiker, die ihre Kunst auf der Straße darbieten. So berichtete der »Kölner Stadt-Anzeiger« vor einiger Zeit über ein »namenlos glückliches« Ensemble vier junger Österreicher. Glücklich sein und glücklich machen ist aber nicht immer dasselbe. Genau das ist mein Problem.

Da war lange ein Musiker mit diesem typisch karibischen Instrument. Ich weiß, dass es »Steel Pan« heißt und ursprünglich aus Trinidad stammt. Aber alle, die in der Umgebung wohnen oder arbeiten, redeten nur vom Mann mit der Blechschüssel. Er war ungeheuer fleißig. Ob werktags oder sonntags, ob im Sommer oder Winter, bei Regen oder Hitze, ganz egal – um 10 Uhr begann er auf dem Bahnhofsvorplatz sein Tagwerk. Nach der erlaubten halben Stunde wechselte er vor den Dom, danach auf den Roncalliplatz, es folgte der Platz vor dem Kaufhof, aber auch vor dem Schokoladenmuseum war er zu hören. Danach begann er wieder die gleiche Runde auf dem Bahnhofsvorplatz. An guten Tagen konnte ich ihm also viermal lauschen.

Für exotische Klänge ist die Steel Pan sicher gut geeignet. Andere bekannte Melodien klingen darauf schräg und schmerzen die Ohren musikalischer Menschen. Nachdem der Blechschüssel-Mann einen Zuhörer angegriffen hatte, wurde er festgenommen. Er hat Köln bis auf Weiteres verlassen und soll jetzt, wie mehrere Berlin-Besucher berichteten, die Hauptstadt mit seiner Musik beglücken. Ich finde, da ist er gut aufgehoben. In Köln hat ihn ein Kollege abgelöst, der an einer Art Geige einen Trichter befestigt hat. Er ist nicht ganz so fleißig, aber dafür noch schrecklicher. Im Grunde kennt er nur eine einzige Melodie. Trotz unendlicher Wiederholung gelingt sie ihm nie fehlerfrei.

Unbedingt erzählen muss ich Ihnen auch von dem Flötisten, der sich selbst mit Klangdeckeln begleitet, die er an die Füße geschnallt hat. Wo er auftritt, dominiert rhythmisches Scheppern die Umgebung. Vom Durchgang des Römisch-Germanischen Museums her ist die »Air« von Bach zu hören. Der zugehörige Akkordeon-Spieler ist schon lange in der Stadt. Er beherrscht sein Instrument phantastisch. Leider ist sein Repertoire übersichtlich. Manchmal wiederholt er es bis in die Nacht. Genau wie der Xylophon-Spieler, ebenfalls ein alter Bekannter mit Hang zur Virtuosität, der alle Stücke viel zu schnell spielt.

Dann gibt es noch eine Sängerin. Bittere Not muss sie zu ihren Darbietungen zwingen. Freude am Gesang kann es jedenfalls nicht sein. Beim Einkaufen in der Breite Straße höre ich bisweilen eine Dixieband. Die Musiker haben Schwung. Ich bleibe stehen, weil sie eines meiner Lieblingsstücke spielen, den »Wild Cat Blues«. Ich bin gleich besserer Laune und werfe ein Geldstück in ihren Kasten. Vielleicht sind sie mir aber auch nur sympathisch, weil sie noch nie unter meinem Fenster gespielt haben. Auf dem Heimweg höre ich ein Marimbaphon, das hatten wir noch nicht. Die weichen Töne des südamerikanischen Instruments sind angenehm schwebend. Aber gleich drängt sich wieder ein anderer Instrumentalist dazwischen. Der jüngste – nun ja – Schrei ist schottisch. Mögen Sie Dudelsack? Ich an sich schon, aber in Schottland klingt das Instru-

»Namenloses glückliches Ensemble«

ment irgendwie besser. Oder liegt es doch an den Fähigkeiten des Kölner Spielers, dass sein Dudelsack vor allem quäkt. Zwischendurch rollt ein verzweifelter Pianist seinen Flügel auf den Domvorplatz und bearbeitet die Tasten. Denkt eigentlich mal jemand an die Frauen und Männer, die in der Altstadt arbeiten und sich konzentrieren müssen?

Ich glaube, ich gehe so gern in die Philharmonie, damit ich wenigstens ab und zu wirklich gute Musik höre. Da fällt mir ein, dass meine Freundin, die international anerkannte Flötistin Camilla Hoitenga, auch als Musikerin auf Kölns Straßen angefangen hat. Für den Weg von dort auf die Konzertpodien wird es aber bei den meisten nicht reichen.

Abends wird es regelmäßig ruhiger auf dem Roncalli-Platz. Ganz still ist es nie. Einmal – ich wollte gerade schlafen gehen –, ließ eine offenbar fromme Jugendgruppe ihr Gotteslob gen Himmel steigen. Nichts dagegen! Wenn sie den Herrn nur nicht gerade um 23 Uhr hätte erfreuen wollen und ihre Lieder nicht alle gleich geklungen hätten. Auf meine aus dem Fenster an sie gerichtete Bitte um ein »Amen«, reagierten sie aber gleich. Welch eine Gnade!

Schlägt vom Domturm die Glocke zur Mitternacht, stört kein Musiker mehr die himmlische Ruh'. Nur ein einsamer Sänger, der aus der Altstadt kommt, möchte den Dom in Kölle lassen. Ich auch.

Schluss mit der Taubenplage

Türkisgrünes Licht erhellt Bahnunterführungen in der Innenstadt

Mit dem Aufenthalt in Bahnunterführungen ist es wie mit dem Kribbeln eingeschlafener Füße: fühlt sich unangenehm an, geht aber schnell vorbei. Beim schnellen Durchqueren der Passagen unter den Gleisen fällt es einem meistens gar nicht auf, wie heruntergekommen, vergammelt, ja widerlich sie sind – vor lauter Taubenkot und Uringestank. Wegen der oft langen Staus in der Unterquerung Trankgasse stadtauswärts hat man derzeit dort aber auch als Autofahrer unfreiwillig Gelegenheit, in aller Ruhe auf verputzte Wände zu schauen, die offenbar seit Jahrzehnten keine frische Farbe mehr abbekommen haben.

Für Fußgänger wie mich ist das ein dauerndes Ärgernis. Nun lief ich vor einiger Zeit den Eigelstein hinunter Richtung Innenstadt und war in der Bahnunterführung zur Marzellenstraße hin ganz verblüfft, dass die Eisenträger dort in ein metallisch türkisgrünes Licht getaucht waren. Auch die Unterführung Trankgasse in Richtung Stadt ist so angestrahlt. Im ersten Moment erschien mir das als irritierend und merkwürdig. Aber dann habe ich mit Gerhard Kleiker telefoniert. Er ist bei der RheinEnergie zuständig für die öffentliche Beleuchtung. Die Stadt Köln hat vor ein paar Jahren sogar mal einen Preis bekommen für die Beleuchtung ihrer Kirchen und Brücken.

Bahnunterführung Trankgasse

Dahinter steckte niemand anderes als ebenjener Gerhard Kleiker, und auf ihn geht auch die neue Beleuchtung der Bahnunterführungen zurück. Genauer gesagt auf eine Arbeitsgruppe der Stadt Köln, der RheinEnergie, der Deutschen Bahn und der Kölner Abfallwirtschaftsbetriebe, die schon per Definition ein Interesse an Sauberkeit im öffentlichen Raum haben. Erst mal wurden also die Eisenträger und die Wände gereinigt, einigermaßen jedenfalls. Dann wurden die Beleuchtungskörper installiert und Plakatrahmen aufgehängt, sodass die Wände hoffentlich nicht mehr so ganz wüst mit Werbung zugekleistert werden. Das türkisgrüne Licht, sagte mir Kleiker, wurde nach Versuchen mit verschiedenen Farben zunächst aus ästhestisch-künstlerischen Gründen gewählt. Es bringe die markanten Eisenkonstruktionen am besten zur Geltung. Es stellte sich dann aber zudem heraus, dass sich die Tauben in diesem Licht nicht so recht wohlzufühlen scheinen. Jedenfalls ist es ein erster lobenswerter Ansatz, der Probleme mit den Eisenbahnunterführungen Herr zu werden, von denen es in Köln ja nun einmal jede Menge gibt.

Bei der Aufstellung des Bürgerhaushalts, zu dem die Kölner Vorschläge machen konnten, ist die Reinigung der Unterführungen immer wieder genannt worden. Das zeigt: Die Frage beschäftigt die Menschen, und in der Vergangenheit ist wenig passiert. Ich hoffe, dass die beiden Probeläufe nur der Anfang eines umfassenderen Projekts »saubere Unterführungen« sind. Ich meine, das Thema »Bahnbrücken in Köln« wird uns in den nächsten Jahren ohnehin beschäftigen. Viele dieser Bauten stammen ja noch aus dem 19. oder frühen 20. Jahrhundert, sind dem heutigen Verkehr nicht mehr gewachsen und müssen in absehbarer Zeit saniert werden. Einige stehen zudem unter Denkmalschutz wie zum Beispiel die Südbrücke, die ich Ihnen auf Seite 25 vorgestellt habe.

Damals habe ich beklagt, dass die Bahn die Brücke selbst und ihre direkte Umgebung sträflich vernachlässigt. Aber meinen Sie, von der Bahn hätte sich anschließend jemand bei mir gemeldet? Oder gar, es hätte sich irgendetwas am Zustand der Brücke verbes-

**Bahnunterführung
Marzellenstraße**

sert? Nicht die Spur! Ich erhalte sonst regelmäßig Reaktionen auf meine Kolumnen im Kölner Stadt-Anzeiger, insbesondere von denen, die sich zu Recht oder zu Unrecht kritisiert fühlen. Nur nicht von der Deutschen Bahn. Mir kommt das so vor, als führen die Verantwortlichen in verplombten Zügen mit Schall- und Sichtschutz durchs Land: um Himmels willen nicht mit der Kundschaft kommunizieren! Hinter vorgehaltener Hand bekomme ich auch in der Stadtverwaltung und im Regierungspräsidium gesagt: »Die Bahn ist unser schwierigster Partner.«

Nun werden die Städte, durch deren Raum die Bahnlinien samt Brücken führen, natürlich massiv in Mitleidenschaft gezogen, wenn der Bahn das Erscheinungsbild ihrer Trassenbauten egal ist. Darum finde ich, sie sollte offener und kooperativer werden, gemeinsam mit den Bürgern und den städtischen Behörden an Lösungen für offenkundige Missstände arbeiten. Aber vielleicht bedeutet die Beleuchtung der beiden Bahnunterführungen ja auch ein Stück »Licht am Ende des Tunnels« in Sachen Unternehmenskommunikation.

Entstellte alte Schönheit

Wilhelm Riphahns Architektur in der Hahnenstraße revolutionierte das Verhältnis von Wohnen und Arbeiten im Städtebau

Als ich noch Vorlesungen für Architektur- und Stadtbaugeschichte in Erlangen hielt, kam darin immer die Hahnenstraße vor. Kurz nach dem Krieg war sie ein städtebauliches Novum. Denn anders als bis dahin üblich hatte der Architekt Wilhelm Riphahn (1889 bis 1963) die Idee, bei der Neugestaltung der Ost-West-Achse zwischen Rudolfplatz und Neumarkt Arbeit und Privatsphäre der Menschen voneinander zu trennen. Wir kennen das bei großen Häusern in Innenstadtlage ja normalerweise so: unten ein Ladenlokal, in den Etagen darüber Büros und Wohnungen. Riphahn dagegen stellte von 1946 bis 1949 in direkter Nähe zur Straße niedrige, einstöckige Pavillons hin, verlegte die Wohntrakte dafür nach hinten und sah dazwischen kleine Gärten vor.

Das Ergebnis: Vorn liegt die Ladenzeile, von deren Betrieb die Bewohner nach hinten hin ein bisschen abgeschirmt sind. Das ergibt einen lockeren, luftigen Gesamteindruck mitten in der City. Die Hahnenstraße ist aber noch aus einem anderen Grund etwas Besonderes: Man wollte hier bewusst Kommerz und Kultur miteinander mischen. Deshalb der Neubau der »Brücke« und der »Naturlichtspiele«, eines der größten und berühmtesten Uraufführungs-Kinos dieser Zeit in ganz Deutschland. Dieser Bau ist allerdings nicht mehr vorhanden, er wurde 1986 abgerissen.

Riphahns Ensemble an der Hahnenstraße war ursprünglich sehr elegant. Es setzte auf äußerste Zurückhaltung als Gestaltungs-

· · · · · **Die gute Architektur der Nachkriegszeit:**
Wilhelm Riphahns Gebäude »Die Brücke«

prinzip. Deswegen zum Beispiel die ganz schmalen, dünnen Vordächer an den Geschäftspavillons. Der Laden des Pelzgeschäfts »Adrian«, eines Kölner Traditionsunternehmens, lässt noch am ehesten erahnen, wie es einmal hier ausgesehen hat. Insgesamt aber ist davon leider wenig übrig geblieben. Der Wirt im Restaurant »Riphahn« auf der anderen Straßenseite hat mir vorhin ganz stolz Bildbände mit alten Fotografien gezeigt, auf denen man den Originalzustand sehr schön erkennen kann, bevor die Verwilderung durch Reklame einsetzte, wie man sie zum Beispiel auch am »Haus Appelrath« sieht.

Für das Restaurant im Eckhaus zu den Ringen hin wurden in der ersten Etage große Flächen für Panoramascheiben in die Außenmauer gebrochen, wo Riphahn im Original nur relativ kleine Fenster vorgesehen hatte. Na ja, das sind vielleicht die Anforderungen moderner Gastronomie. Damit kann man sich arrangieren. Am allerschlimmsten freilich wirkt die Entstellung von Riphahns Planung durch das Eckhaus Hahnenstraße 15 aus den 1980er-Jahren; ausgerechnet anstelle des Querblocks, den der Architekt einmal als formalen Abschluss der ganzen Anlage konzipiert hatte.

•••••• **Elegante Einkaufsmeile vor zurückgesetzten Wohngebäuden in der Hahnenstraße**

Ich verstehe überhaupt nicht, wie ungehemmt sich da ein Kollege Riphahns mit Tunnelblick und einer seltsamen Leidenschaft für Klinker und eloxiertes Aluminium austoben durfte – und wie er das dann von der Stadt auch noch genehmigt bekam, ohne jede Rücksicht auf die Umgebung und den vorhandenen Baubestand. Schlimm, dieses Scheusal, ganz schlimm!

An einen Rückbau ist heute natürlich nicht mehr zu denken. Man wird dieses Ding da nicht mehr wegbekommen. Wohl aber habe ich die Hoffnung, dass die Hahnenstraße in das Sanierungskonzept für Neumarkt und Rudolfplatz einbezogen und zumindest von dem überflüssigen, störenden Schilderwald befreit wird. Außerdem könnte die Stadt ja mal mit den Ladeninhabern reden, dass sie mit ihrer Werbung die Vordächer nicht gar so verschandeln, wie das zurzeit der Fall ist. So ließe sich diese Einfallschneise von den Ringen zum Neumarkt, wahrlich eine urbane Filet-Lage, mit einfachen Mitteln aufwerten. Zum Vorschein käme vieles von der alten Schönheit, für die die Hahnenstraße einst weit über Köln hinaus berühmt war.

Qualität außen wie innen

Das Gymnasium Kreuzgasse zeigt mit seiner Architektur, wie wichtig die Nachkriegsgeneration den Bildungsauftrag der Schule nahm

In den 1950er- und 1960er-Jahren gehörten Schulen zu den edelsten Bauaufgaben überhaupt. Zwar schwammen die Kommunen damals auch nicht gerade im Geld. Trotzdem gab es ein allgemeines Einverständnis darüber, dass Schulbauten anspruchsvoll zu sein hätten. Nach der Zivilisationskatastrophe des Dritten Reichs sollten Bildung und Erziehung verhindern helfen, dass es je wieder zu solchen Verirrungen kommen würde wie in der Nazizeit. Sie finden kein Architekturheft aus jener Zeit, in der nicht eine vorbildliche Schule vorgestellt worden wäre.

Berühmte Architekten bemühten sich um Bauaufträge für Schulen. Viele Architekturpreise gingen an Schulbauten. Während diese in der Vorkriegszeit oft eintönig waren mit langen Fluren und einem Klassenraum am anderen, bevorzugte man nach dem Krieg das skandinavische Prinzip: das Ganze eher aufgelockert, mit Grün versehen.

Das Gymnasium Kreuzgasse mit seiner Lage mitten im Grüngürtel ist deshalb so charakteristisch wie zeittypisch. Der Entwurf für das Kerngebäude aus den Jahren 1952/53 stammt von Karl Hell (1908 bis 1999), der in dieser Zeit viele Schulen für die Stadt gebaut hat. Die von ihm bereits vorgesehenen Erweiterungsbauten wie zum Beispiel eine Turnhalle wurden später errichtet, allerdings nicht mehr nach den originalen Plänen. Natürlich, Sie finden auch hier einen dreistöckigen Block mit Klassenräumen vor. Aber Hell

bemühte sich außen wie innen um Qualität, um Sorgfalt in Proportion und Ausstattung. Schauen Sie sich nur das Treppenhaus oder den oberen Abschluss der Geschosse mit ihrem Betonmaßwerk an. Man erkennt den Wunsch nach Gestaltung, die auch einen positiven Einfluss auf die Schüler haben sollte. Diese Art zu bauen endete abrupt mit den Betongebirgen der 1970er-Jahre. Umso wichtiger ist es, die Erinnerung daran zu bewahren, wie wichtig Köln in den 1950er-Jahren seine Schulbauten nahm.

Das Problem: Die Anforderungen an Schule verändern sich. Also auch die Gebäude. In den 1970er-Jahren ging es erst mal schlicht um Kapazitäten, als die geburtenstarken Jahrgänge auf die weiterführenden Schulen drängten und die Politik das Ziel ausgab, möglichst viele Jugendliche zum Abitur zu führen. Heute ist der Platzbedarf zwar mindestens so dramatisch. Im Einzugsbereich des Gymnasiums Kreuzgasse liegt die Übergangsquote von den Grundschulen bei 60 Prozent. Dazugekommen sind aber neue Erfordernisse durch Ganztagsbetreuung, individuelles Lernen und Beratungsverpflichtungen. So etwas wie psycho-soziale Betreuung hatte vor 50 Jahren doch niemand auf dem Schirm, genauso wenig wie moderne pädagogische Konzepte. Für Gruppenarbeit oder für die Einrichtung von Lerninseln ist eine »Flurschule« – lange Gänge, Schuhkartons von 60 Quadratmetern als Klassenzimmer für 30 Schüler – kaum geeignet.

Direktor Lüder Ruschmeyer berichtet mir auch von manch anderen Schwierigkeiten. Die hohen Räume mit ihrer Akustik seien ein »gigantisches Problem«. Wenn einer nur ein bisschen mit Papier raschelt oder einen Stift fallen lässt, sei das gleich ein gewaltiger Krach. Ein eigens in Auftrag gegebenes Gutachten ergab: Diese Akustik ist unzumutbar, sie macht krank.

Allerdings ist die Bausubstanz der Schule insgesamt so marode, dass eine Einzelmaßnahme aus Sicht der Schulleitung keinen

· · · · · Charakteristische Treppenhausfassade
des Gymnasiums Kreuzgasse

Sinn ergibt. 2017 wurde deshalb eine Kernsanierung beschlossen. Die soll nun möglicherweise bis 2028 kommen.

Ich verstehe die geschilderten Probleme sehr gut. Aber man darf nicht dem Denkmalschutz alles in die Schuhe schieben, was an den Schulen im Argen liegt ...

In Köln wird jetzt sogar darüber diskutiert, den Denkmalschutz für die Schulen generell aufzuheben. Das ist keine Lösung. Dahinter steckt eine Denke, nach der Denkmalschutz etwas Störendes und Kostentreibendes ist, auf das man notfalls ganz schnell verzichten sollte. Aber genau das ist eben nicht wahr. Denkmalschutz bewahrt Stadtarchitektur, gute Stadtarchitektur. Man würde das Beste verwerfen, was die 1950er- und 1960er-Jahre an Architektur hervorgebracht haben, wenn man die Schulen dieser Zeit aus dem Denkmalschutz nähme.

Wenn ich an den Schulen nachfrage, höre ich, dass die Verantwortlichen dort selber nicht im Detail wissen, wo die Auflagen beginnen und wo sie enden. Oft genug bremst nicht der Denkmalschutz sinnvolle und notwendige Veränderungen aus, sondern die Geldnot der Stadt und die Unbeweglichkeit der Verwaltung. Natürlich lässt sich der Baubestand denkmalgeschützter Schulen nicht pur erhalten. Das wäre Konservatoren-Fundamentalismus. Zugegeben, manchmal neigen die Denkmalschützer dazu. Aber das liegt auch daran, dass sie so stark unter Beschuss stehen und sich dann zur eigenen Verteidigung in die Schützengräben, hinter die Barrikaden von Rechtsnormen und Vorschriften, begeben.

Den Stadtkonservator Thomas Werner nehme ich da mal aus. Sicherheitsbestimmungen sind zu erfüllen. Energetische Aufwertung muss sein, für neue pädagogische Konzepte braucht es den geeigneten Raum. – Aber nicht, indem man den Denkmalschutz einfach hinten runterkegelt. Vielmehr müsste die Stadt Gebäudewirtschaft, Stadtkonservator und Schulamt an einen Tisch holen, damit sie gemeinsam passende Lösungen finden. Intelligenten Leuten mit gutem Willen gelingt das fast immer.

Trostlosigkeit in der Randlage

Gebäude-Wildwuchs im historischen Ortskern von Worringen

Manche Orte haben das Pech, nur durch Schlachten bekannt zu sein, die dort geschlagen wurden. Austerlitz zum Beispiel oder Waterloo und – Worringen. Jedes Kölner Schulkind lernt diesen Namen. Und der frühere Kölner OB Norbert Burger hielt keine Rede, ohne zu erwähnen, wie die Vorfahren der Kölner Bürger 1288 die Truppen des Erzbischofs geschlagen und den ungeliebten Kirchenfürsten aus der Stadt vertrieben haben. Das stimmt ja auch.

Aber als Imi erlaube ich mir die Bemerkung, dass Worringen auf lange Sicht ein Waterloo für Köln war. Das Ende der erzbischöflichen Residenz brachte der Bürgerschaft zwar die Freiheit, führte aber langfristig zum Aufstieg Düsseldorfs und zum Niedergang Kölns. Aber das hören die Kölner nicht so gern.

Worringen also. Ich gebe zu, bis vor Kurzem kannte ich den nördlichsten Ortsteil Kölns selbst auch nur dem Namen nach. Ich habe nun einmal am Dom immer sehr – sagen wir – stadtmittig gearbeitet. Aber da ich unterdessen sachkundige Bürgerin im Stadtentwicklungsausschuss bin, werde ich das ändern und mir die Kölner Stadtränder einen nach dem anderen ansehen. Der Anfang ist jetzt gemacht. Und ich bin hier, weil mir der Heimatarchivar Hans-Josef Heinz geschrieben hat: »Kommen Sie doch mal in Worringen ›auf den Punkt‹. Wir haben hier auch viel Interessantes.« 55 Bauten zum Beispiel, die auf der Denkmalliste der Stadt Köln stehen. Die Kölner meinen zwar immer, hinter Nippes beginne städtebaulich das Niemandsland. Aber der Stadtkonservator ist für

• • • • • • • **Fachwerkhaus Ecke In der Lohn/Auf der Burg,
ein Baudenkmal des 18. oder frühen 19. Jahrhunderts**

die Peripherie genauso verantwortlich wie für jedes denkmalgeschützte Haus in der City. Nur sieht man das hier in Worringen kaum, das seit 1922 zu Köln gehört. An das einzige noch erhaltene Stadttor in Richtung Zons und Dormagen, heute umgestaltet, sind peinliche schuppenartige Anbauten geklatscht worden. Schlimm, richtig schlimm, dieser Anblick! Ähnlich abschreckend hat sich der historische Ortskern entwickelt – oder besser gesagt eben nicht entwickelt.

Am Handelsweg zwischen Köln und Krefeld gelegen, war Worringen früher einmal eine prosperierende Siedlung. Das mächtige und reiche Kölner Domkapitel hatte große landwirtschaftliche Besitzungen hier. Die zugehörigen Gehöfte werden zwar gerade restauriert und in – bestimmt sehr schöne – Wohnungen umgewandelt. Aber die Feldarbeiterhäuschen, die den Ortskern bildeten,

oben links:
Blick in die Benderstraße

oben rechts:
Blick in die Mühlenbergstraße

unten:
zwei Denkmäler auf der Alte Neusser Landstraße, im Volksmund »Om Maat« genannt wegen des früheren Marktbereichs

sind nicht rechtzeitig ins Blickfeld der Stadtplaner geraten. So gab es einen furchtbaren Wildwuchs, bei dem jeder Hauseigentümer machen konnte, was er wollte. Eigentlich ist nur ein ansehnliches Haus von dem ganzen hübschen ursprünglichen Ensemble übrig geblieben. Und das auch nur, weil die Eigentümer es umsichtig und liebevoll wiederhergerichtet haben. Beim Rest wurde hemmungslos drangebaut, draufgebaut und vorgebaut. Vom Unterstand für allen möglichen Plunder bis zur Schwarzwald-Ästhetik ist alles vertreten: Glasbausteine, Fassaden aus Klinkerpappe und ähnliche Geschmacksverirrungen.

So bekommen solche Kleinsiedlungen schnell etwas Trostloses. Wenn sich irgendjemand mal eine Gestaltungssatzung überlegt und ein paar Auflagen gemacht hätte, wäre das vermeidbar gewesen. Heute ist es damit vorbei. Sie können die Leute ja nicht mehr zwingen, den ganzen Mist wegzureißen, so grauenhaft er auch aussehen mag.

»Christus kam nur bis Eboli« heißt ein Buch von Carlo Levi. Kölner Städtebau und Denkmalpflege haben es nicht mal bis Worringen geschafft! Ich füge aber gleich hinzu: Dieses Schicksal teilt Worringen mit vielen Ortschaften am Rande von Großstädten. Überdies werden sie zunehmend Opfer von Baumärkten, Discountern und Outletstores, weil deren Betreiber jede noch so hohe Miete zahlen. Diese ganzen Großmärkte mit ihren gesichtslosen Verkaufsbunkern halte ich ohnehin für die Pest. Sie verschandeln das gewachsene Ortsbild oder verdrängen gar die charakteristische Altbebauung.

Manchmal gibt es auch Fälle bewusster Verwahrlosung. Da lassen Eigentümer die Bausubstanz verkommen, bis alles so marode ist, dass sie sagen können: »Leider, leider muss ich das Ganze jetzt doch abreißen …«

Nach Recht und Gesetz sind die Eigentümer denkmalgeschützter Altbauten zur Instandhaltung verpflichtet. Aber das müsste auch jemand durchsetzen und gegen solche bewusste Verwahrlosung vorgehen. Konkret: Der Stadtkonservator bräuchte dafür Leute. Die hat er aber nicht. Hans-Josef Heinz vom Heimatarchiv hat mir erzählt, viele Denkmäler in Worringen seien einfach abgerissen worden, ohne dass das überhaupt jemanden gekümmert hätte. Dass die Stadt das hinnimmt, ist ja nicht einfach nur Ignoranz, sondern auch die Folge von Personalmangel. Es sind eben nur ganz wenige Denkmalpfleger für ein Riesengebiet zuständig. Und wenn dann noch eine gewisse Wurstigkeit hinzukommt, wie das in Köln so üblich ist, dann sieht es am Ende halt so aus wie – in Worringen.

Schaltkästen sind ein Ärgernis

Energieversorger und Telekommunikationsfirmen kümmern sich keinen Deut um das Erscheinungsbild des öffentlichen Raums

Unsere modernen Kommunikationstechniken machen es offenbar nötig, für Strom- und Datenkabel überall Schaltkästen aufzustellen. Die meisten, das habe ich bei genauerem Hinsehen festgestellt, gehören der Telekom und der Post, die kleineren auch der RheinEnergie. Schöner machen diese Dinger das Stadtbild ja nicht. Zusätzlich haben die Firmen ein Talent, ihre Kästen an den merkwürdigsten Orten zu platzieren.

Der Architekt Peter Zumthor, ein Ästhet vor dem Herrn, hat sich schon vor Jahren darüber beschwert, dass sie einen davon direkt an die Fassade von Kolumba geklebt haben. Der schlimmste Fauxpas aber ist seit Kurzem am Hauptbahnhof zu besichtigen. 2004 hatte eine eigens eingesetzte Kommission, in der auch ich saß, beschlossen, den wenig attraktiven Vorplatz optisch durch elegante Lichtstelen aufzuwerten und ihm so ein großstädtisches Aussehen zu geben. Umso erschreckter war ich, als ich kürzlich feststellen musste: Direkt an den Fuß einer Stele hat irgendjemand eines von diesen grauen Blechscheusalen montiert. Aber wer? Ich kann es Ihnen auf Anhieb nicht sagen, denn sinnigerweise ist ausgerechnet dieser Kasten nicht gekennzeichnet. Ihn an dieser Stelle aufzubauen, dafür braucht es schon ein gehöriges Maß an Instinktlosigkeit.

Und wie so oft frage ich mich: Wo bleibt eigentlich das Management für den öffentlichen Raum, das wir in dieser Stadt haben sollten? Ob die zuständigen Leute solche Sachen komplett verschlafen? Und wenn ich schon beim Thema bin: Die Standorte der Schaltkästen sind das eine. Das andere, noch viel Schlimmere, ist ihr Zustand, und zwar nahezu aller Kästen. Unter freiem Himmel werden sie auf die Dauer schmutzig. Das ist ja logisch. Also gehören sie von Zeit zu Zeit sauber gemacht. Aber denkste! Genau das passiert nicht. Zumindest nicht von außen. Für das Innere, das beobachte ich häufig, rücken Firmentechniker mit Handstaubsaugern an, damit die kostbare Elektronik auch ja nicht leidet. Aber auf die Metallgehäuse verschwenden sie nicht eine Sekunde. Dementsprechend scheußlich sehen die Kästen aus. Ich rede gar nicht so sehr von Graffiti. Die gibt es auch. Das meiste aber ist Dreck, ganz gemeiner Dreck. Im Übrigen folgen Graffiti doch einer bestimmten Logik: Sprayer wollen, dass ihre Tags bleiben. Deswegen gibt es zum Beispiel am Dom kaum Probleme. Da geht nämlich jeden Morgen einer herum und wäscht die Graffiti ab, bevor sie von den Leuten gesehen werden. Damit ist der ganze Spaß weg, und den Sprayern vergeht die Lust.

Ich glaube, gerade deswegen sind die Schaltkästen ein umso lohnenderes Ziel, weil die Sprayer wissen: Da kümmert sich ohnehin keiner drum. Gehen Sie mal zum Mediapark, einem ja nun wirklich sorgfältig gestalteten, aufwendig sauber gehaltenen Platz. Das einzig Schmutzige ist der Schaltkasten, der – wie ich finde, geradezu provokativ – an den Rand der Wasserfläche gesetzt worden ist. Als ob man das Ding nicht auch ein paar Meter weiter im Abgang zur Tiefgarage hätte verstecken können. Ich nehme mal an, dass Hausmeister und Platzmanager, die sich sonst um die Sauberkeit ihrer Anlagen bemühen, einen Bogen um die Kästen machen müssen, die ihnen nicht gehören. Wenn sie da mit ihren Hochdruckreinigern drangingen und durch eindringende Feuchtigkeit im Inneren irgendwas beschädigen würden – gäbe das ein Geschrei! Das Risiko werden sie nicht eingehen wollen.

Ich kenne überhaupt nur eine Stelle, wo jemandem das egal zu sein scheint: das Generalvikariat des Erzbistums in der Marzellen-

- - - - - **Blickfang in der Einkaufszone:
zwei Schaltkästen in der Ehrenstraße**

straße. Dort sind die gar nicht mal so neuen Kästen neben dem Eingang immer sauber. Ich wüsste gar zu gern, wie der Hausmeister das macht. Heimlich, still und leise wahrscheinlich. Aber sonst? Ich meine, das ist doch sehr verwunderlich: Da geben Telekom und Post Millionen für Imagewerbung aus, aber verschandeln mit ihrem Eigentum den öffentlichen Raum. Ich will nicht hoffen, dass für die Firmen die Devise gilt: Merkt doch keiner, dass die Dinger uns gehören ...

Inzwischen gibt es in einigen Vierteln Schaltkästen der Rhein-Energie, die nach Entwürfen aus einem Schülerwettbewerb farbenfroh bemalt worden sind. Für Wohnviertel ist das eine originelle Idee. Nur: In der Innenstadt nähmen sich die bunten Tupfer an jeder Ecke doch eher merkwürdig aus, denke ich. Aber selbst wenn man alle Kästen anpinseln würde: Regelmäßig säubern müsste man sie trotzdem. Nun führen wir in Köln ja zurzeit intensiv die Debatte über das Bild der Stadt und ihr Schmuddelimage. Alles richtig, alles wichtig. Was mir dabei ein wenig zu kurz kommt, ist der Beitrag, den wir alle leisten können, damit sich daran etwas ändert. Es ist schließlich nicht der Oberbürgermeister, der den Dreck auf die Straße schmeißt. Es sind die Leute selber. Ich bin bestimmt keine Putzhexe, die meint, in einer Großstadt müsse alles blitzblank und chemisch rein sein wie auf der Intensivstation. Aber ich finde schon auch: Die Sauberkeit des öffentlichen Raums hängt mit davon ab, wie wir uns als Bürger dort benehmen. Immer nur nölen und nörgeln, das reicht mir nicht. Ein bisschen mehr bürgerschaftliches Engagement täte schon gut. Genauso sehe ich Institutionen und Unternehmen in der Pflicht. Wie die Schmutzkästen zum Schmuddelbild der Kölner City beitragen, das jedenfalls ist eine echte Schande für Telekom und Post.

Rätselhafte Aufkleber

Überall in der Stadt finden sich die geheimen Botschaften einer eigenen Subkultur

Die ganze Stadt ist voll von Botschaften. Die meisten sind rein kommerzieller Natur: Werbung, die mir etwas verkaufen will. Dann sind da ein paar Kunstbotschaften: der Appell »Liebe deine Stadt« über der Nord-Süd-Fahrt oder der Schriftzug »Don't worry« am Kirchturm der Kunststation St. Peter. Graffiti gibt es natürlich auch. Zu meiner Zeit waren die ja wenigstens noch politisch. »Amis raus aus Vietnam!« oder so. Heute hingegen sollen die Tags vor allem zeigen, dass einer da war.

Vor einiger Zeit ist mir noch eine vierte Art von Botschaften aufgefallen: Aufkleber. An Laternenpfählen und Schildermasten, an Brückenpfeilern, Bauzäunen, Hauswänden. Sie sind überall. Komisch, dass ich sie nicht früher wahrgenommen habe. Das liegt bestimmt daran, dass ich nicht mehr so schnell durch die Stadt gehe, seit ich im Ruhestand bin.

Angefangen hat es mit einem Aufkleber »Nur der VfL« auf einer Hinweistafel der Domschatzkammer. Hm, dachte ich, was ist das? Ich bin kein Fan, aber ich hatte die vage Ahnung: Könnte was mit Fußball zu tun haben. Als der VfL-Aufkleber wenig später mit Buttons vom 1. FC Köln überdeckt war, war mir klar: So ist es! Als Nächstes stieß ich am Rheinufer auf die Klebebotschaft »Liebe dein Ungeheuer«. Danach fing ich an, mir die Sache genauer anzuschauen, und stieß auf eine doch sehr rätselhafte Welt. Aufkleber, wo man geht und steht! Und lauter Botschaften, die ich nicht begreife; von denen ich nicht weiß, woher sie kommen und für wen sie gedacht sind. Ein Code nur für Eingeweihte – so ähnlich vielleicht wie früher die »Zinken«, die Geheimsprache der Landstreicher und Vagabunden. Eine Subkultur jedenfalls, die an großen Teilen der Bevölkerung komplett vorbeigeht.

Manche Aufkleber lassen sich noch halbwegs entschlüsseln: als kleine Werbung für Tattoostudios oder für Bands, deren Namen ich nur nicht kenne, weil ich zur falschen Altersgruppe gehöre und den falschen Musikgeschmack habe. Geschenkt! Daneben gibt's die Sticker politischer Kleinstparteien. Von der DKP zum Beispiel – von der hätte ich nicht mal gewusst, dass sie überhaupt noch existiert. Selbst die Maoisten sind noch da, wie ich jüngst festgestellt habe. Aber auch so noble Gemeinden wie Adelboden in der Schweiz sind sich nicht zu schade, mit »I love ...«-Aufklebern in Köln auf sich aufmerksam zu machen. Auch die Eissportfreunde Reutlingen glaubten, sich auf einer Rheinbrücke klebend zu ihrem Verein bekennen zu müssen. Hin und wieder steht eine Internetadresse dabei, sodass man sich auf der entsprechenden Website schlaumachen kann. Aber ich habe fast den Eindruck: Das gilt in der Undergroundinformationsszene als langweilig. Nein, das eigentlich Spannende sind die scheinbar sinn- und zweckfreien Messages. »Colour is love, if you can see« ist eine davon – »Farbe ist Liebe für den, der sehen kann«. Als Kunstsachverständige würde ich sagen: Stimmt hundertprozentig! Aber wer beklebt mit dieser These einen Laternenmast? Auf Facebook gab's eine Gruppe, die so hieß. Aber schlauer hat mich das auch nicht gemacht. Oder der Satz »Du bist schön«. Da müssen wohl Freunde der Menschheit am Werk sein, denn so etwas liest schließlich jeder gern. Aber wer gibt Geld dafür aus, es auf Plastikfolie drucken zu lassen?

Einen Aufkleber habe ich mal fotografiert, der wie die Werbung für eine Baufirma aussah – mit einem gezeichneten Schaufelbagger vor zwei kleinen Sandhügeln. Merkwürdig, dachte ich, die Industrie mischt also auch schon mit. Erst beim genauen Hinsehen habe ich dann entdeckt: Die zwei Sandhaufen waren ge-

formt wie Brüste, und der Slogan »Baggern, Angraben, Rohrverlegen« ist wohl doch keine Reklame, sondern eine große Ferkelei. Oder wie würden Sie das interpretieren? Natürlich habe ich jüngere Leute gefragt, was ich von all dem zu halten hätte. Meinen Sohn zum Beispiel, der noch einigermaßen nah dran ist am vermuteten Alter der Klebebotschaften-Szene. Aber auch er hat nur mit den Schultern gezuckt. Das hat dann fast schon wieder etwas Beruhigendes, denke ich: Es liegt also nicht nur daran, dass ich zu alt und zu dumm bin, sondern du stehst wirklich vor einer verschlossenen Welt.

Nur die wenigsten all dieser Aufkleber sind übrigens selbst gemacht, manche richtiggehend rührend: handkopiert, koloriert und mit Klebefolie überzogen. Die meisten hingegen sind professionell hergestellt. Da gibt es augenscheinlich ein eigenes Gewerbe, das darauf spezialisiert ist. Nun könnte man das Ganze ja goutieren und sich amüsieren, wenn es nicht mit dieser Verschmutzung einherginge, die doch ziemlich unerfreulich ist. Einen fast verzweifelten Appell formuliert die Kölner Außenwerbung in eigens gedruckten Plakaten: »Klebt euch nicht voll«. Daraus schließe ich, dass ich nicht die Erste bin, die sich mit dem Phänomen beschäftigt. Bei der Stadtreinigung war zeitweilig eine ganze Brigade von Mitarbeitern damit beschäftigt, Aufkleber von Laternenmasten und Straßenschildern herunterzukratzen. Doch dann hat ein findiger Kopf ein Gegenmittel entdeckt. Immer mehr Masten sind mit einem Spezialanstrich versehen, an dem Aufkleber nicht mehr halten. Welch eine segensreiche Erfindung!

Und da wage ich zum Schluss ja kaum, die Frage zu stellen, ob man mit dem dafür erforderlichen Geld fürs Entfernen nicht doch etwas Sinnvolleres anfangen könnte. Aber ich ahne schon, dass ich damit für meine unbekannten Klebe-Fans nichts weiter bin als eine unverbesserliche Spießbürgerin.

Mit Herz, Sinn und Verstand

Kolumba, das Kunstmuseum des Erzbistums Köln, ist von Peter Zumthor bis ins Detail perfekt durchdacht, geplant und gebaut

Kolumba, das Kunstmuseum des Erzbistums Köln, ist 2013 als »Museum des Jahres« ausgezeichnet worden. Diese Ehrung ist mehr als verdient. Die architektonische Qualität dieses Hauses zu betonen, ist mir umso wichtiger, als in den vergangenen Jahren bisweilen hitzig über kirchliche »Protzbauten« diskutiert wurde.

Kolumba hat gut 40 Millionen Euro gekostet. Eine gewaltige Summe, von der ich Ihnen aber aus voller Überzeugung sage: Kein Euro davon ist zu viel ausgegeben. Im Gegenteil, es wäre ganz falsch gewesen, sich ein Spardiktat aufzuerlegen. Nicht jeder teure Bau ist ein übertreuerter Bau. Ich hoffe, der Unterschied wird klar, gerade hier in Kolumba. Denn es ist das Besondere dieses Hauses, bis in die Details perfekt durchdacht, geplant und gebaut zu sein. Dafür ist Peter Zumthor, der Architekt, ebenso bekannt wie gefürchtet. Der macht einfach keine halben Sachen, was sich manche seiner Kollegen zu Herzen nehmen könnten, anstatt mit irgendwelchen Computersimulationen zu kommen, denen am Ende Herz, Sinn und Verstand fehlen. Hätte man das riskieren sollen? Hätte man für einen Museumsneubau dieser Größe mitten in der Stadt Köln »halbe Sachen« machen sollen?

Spätestens, als der Architektenwettbewerb ausgeschrieben wurde und Zumthor ihn für sich entschied, war allen klar: Das wird teuer, das wird schwierig. Aber darüber ist von Anfang an geredet worden. Da gab es keine Heimlichkeiten, der damalige Gene-

ralvikar Norbert Feldhoff hat sich offen zu den Kosten bekannt, das Projekt durch alle Gremien geführt, und Kardinal Meisner hat es mitgetragen. Das dürfen Sie sich aber nicht so vorstellen, als ob da der mächtige Stellvertreter des noch mächtigeren Kölner Erzbischofs vor die Laienräte getreten wäre und die nur noch abgenickt hätten, was insgeheim längst beschlossene Sache war. Von wegen! Ich kann mich gut an die kritischen Fragen erinnern, denen sich der Generalvikar, der Diözesanbaumeister und das Museumsteam stellen mussten. Das ganze Projekt stand sogar mehr als einmal auf der Kippe, und hätte auch nur eines der Aufsichtsgremien Nein gesagt, dann hätte es Kolumba in dieser Form nicht gegeben. Es kam nicht so weit. Aber das ist der Kraft der Argumente zu verdanken, nicht der Macht kirchlicher Hierarchie.

Bevor ich Sie in den »Lochner-Raum« im ersten Stock des Museums mitnehme, muss ich auf eine Besonderheit dieses Museums zu sprechen kommen: Es überfängt in Teilen die Ruinen und die Ausgrabungen aus frühchristlich-römischer Zeit unter der bedeutenden alten Stadtpfarrkirche St. Kolumba sowie eine Kapelle Gottfried Böhms. Solches Überbauen bestehender Architektur ist das Kostenintensivste, was es gibt. Zumthor hat die Sache in Kolumba auf die Spitze getrieben, indem er den Raum über der Ausgrabung, wo ich – nebenbei bemerkt – in den 1970er-Jahren als Studentin mein Grabungspraktikum absolviert habe, nur auf eine Reihe extrem dünner Säulchen gestellt hat. Ich stelle mir vor, dass er seinen Statiker damit an den Rand des Wahnsinns getrieben haben muss.

Aber wieder ist es die Wirkung, die den Aufwand rechtfertigt: Das ist keine »Sicherungsarchitektur«, sondern sie hat etwas von der Spiritualität eines Kirchengebäudes, dessen Reste sie ja auch tatsächlich schützt. Das ist wirklich ganz, ganz große Kunst! Und

Offen zur Stadt:
Blick aus dem Museum Kolumba

• • • • • • **Edle Materialien steigern die
Qualität des Aufenthalts**

es ist genau das, was ich für entscheidend halte: Das viele Geld ist für ein Gebäude ausgegeben worden, das jedem zugänglich ist und von dem alle etwas haben. Und ich füge hinzu: Wenn schon für teures Geld bauen, dann aber auch in bestmöglicher Qualität. Das habe ich ja auch schon zu erläutern versucht, als ich die Hochwasserpumpstationen am Kölner Rheinufer vorgestellt habe. Umgekehrt sage ich das aber auch mit Blick auf die Sparvorschläge zum geplanten Bau des Jüdischen Museums auf dem Rathausvorplatz.

Mein Credo ist da immer dasselbe: Der öffentliche Raum muss immer so gut gestaltet werden wie irgend möglich. Sonst sollte man es lieber gleich lassen. Warum? Im »Lochner-Raum« des Museums, benannt nach der hier ausgestellten »Veilchenmadonna« Stefan Lochners aus der Mitte des 15. Jahrhunderts, kann man das sehr gut sehen: Zumthor wollte den Estrich für die gesamte riesige Bodenfläche aus einem Guss haben. Eigentlich geht das nur in Ab-

••••• **Das Erdgeschoss verbindet Ausgrabung und Ausstellungsräume**

schnitten, zwischen denen dann jeweils Fugen und Nähte liegen. Das hat Zumthor hier strikt abgelehnt, was ein großer Aufwand war, aber auch mit einem großartigen Ergebnis. Wenn Sie den Kopf schief legen und den Fluss des einfallenden Lichtes über den Fußboden verfolgen, dann erkennen Sie es: Das ist eine einzige zusammengehörige Fläche, durch nichts unterbrochen, durch nichts gestört. Ein unglaublicher Effekt in einer Zeit, in der wir serielles Bauen nach dem Setzkastenprinzip gewohnt sind.

Und wenn wir schon dabei sind: Es gibt in diesem Raum keine Fußleisten, sondern der Estrich lässt eine Fuge. Optisch führt das zu einer Trennung von »Fußboden« und »Wand« – als zwei Wesensbestandteilen jedes Gebäudes; technisch lässt sich durch diese Fuge die verbrauchte Luft absaugen. Auch das ist typisch Zumthor: die ästhetische Aussage, verbunden mit einem praktischen Effekt. Oder nehmen Sie die Art, wie er die Fenster dieses Raums angelegt

hat. Der stellvertretende Museumsdirektor Marc Steinmann, ein früherer Mitarbeiter der Dombauhütte, berichtet, dass Zumthor lange Zeit umhergegangen ist und überlegt hat, an welchen Stellen er die Wandflächen öffnen und Durchblicke nach außen schaffen will. Heute sehen Sie, dass er markante Bezüge zur Minoritenkirche und zum Dom, zum Opernhaus und zum Dischhaus herstellt.

Diese Sensibilität des Architekten für den Zusammenhang seines Gebäudes und der Besucher mit ihrer Umgebung sucht wirklich ihresgleichen. Ich mache noch auf ein weiteres Detail aufmerksam: Suchen Sie in Kolumba einmal nach Steckdosen! Sie werden keine finden. Aber nicht, weil es keine gäbe. Ich meine, so blöd müsste einer sein, Museumsräume ohne Stromzugänge zu bauen. Also, die Steckdosen sind natürlich vorhanden. Aber Zumthor hat sie in die Wand eingelassen und hinter herausnehmbaren Stahlblenden versteckt, die er eigens dafür entworfen hat. Was das bringt – außer einer kostspieligen Sonderanfertigung? Überlegen Sie selbst: Sie können den elegantesten Raum verschandeln durch eine Ansammlung von Steckdosen. Gerade in einem Museum sollen an den Wänden allein die Bilder und andere Ausstellungsgegenstände die Blicke auf sich ziehen. Stromleisten und Steckdosenbatterien wirken da wie ein eigenes Objekt – und stören den Gesamteindruck. Mir ist das unlängst aufgefallen, als ich in Bonn im Kunstmuseum war: wunderbare Räume – nur hat am Schluss noch irgendjemand für Feuermelder gesorgt und für Fluchtwegmarkierungen. Die machen alles wieder kaputt. Dass das hier in Kolumba nicht so ist, das sehen Sie als Besucher vielleicht nicht einmal bewusst, aber Sie nehmen es in Ihrem Empfinden des Raumes unterbewusst war.

Wenn wir uns hier weiter umschauen, stoßen wir auch auf Beispiele für Umbauten, die Zumthor selbst noch während der Errichtung des Museums veranlasste. Es gibt eine Tür, die im Grundriss ursprünglich links vorgesehen war, weil man normalerweise niemals zwei Türen setzt, die einander genau gegenüberliegen. Als dann die Wände hochgezogen wurden, stellte Zumthor fest: Nein, das hat so überhaupt keinen Sinn! Bleibt die Tür, wo sie ist, liegt dahinter bloß ein Durchgang, der als Raum nicht zu nutzen ist. Also, Kommando zurück: Die Tür kommt nach rechts. Damit öffnet sie nun den Zugang zu einem in sich geschlossenen intimen Raum, den das Museum immer wieder für Ausstellungen nutzt. Klar, so eine Entscheidung verteuert den Bau. Aber es ist eine Entscheidung für Qualität. Allerdings hat alles seine Grenzen. So auch in Kolumba. Marc Steinmann erzählt, die Museumsleute hätten gern ein drittes Untergeschoss als zusätzliches Depot für die wachsende Sammlung gehabt. Wegen des Grundwasserspiegels in Köln hätte das aber einer riesigen Wanne bedurft, in die das Gebäudefundament hineingestellt worden wäre. Teuer, teurer, am teuersten! So ist es dann beim Wunsch nach der vergrößerten Depotfläche geblieben. Also, Sie sehen: Es gab immer eine wirksame Kostenkontrolle. Auf hohem Niveau, zugegeben, aber doch so, dass die Ideen von Architekt und späteren Nutzern des Gebäudes – bildlich gesprochen – niemals durch die Decke gehen konnten.

Muss bald der Betonmischer ran?

Nach Rom ist Köln die Stadt mit den umfangreichsten erhaltenen Befestigungsmauern aus der Antike

Wie sagte Hugo Borger, der erste Direktor des Römisch-Germanischen Museums nach dem Krieg? Jeder Kölner fühlt sich als Nachfahre der alten Römer. Daran ist was Wahres. »Ich wor ne stolze Römer, kom met Caesars Legion« singen wir mit den Bläck Fööss.

Zu den ganz wichtigen Relikten dieser Epoche gehört die Mauer der »Colonia Claudia Ara Agrippinensium« aus dem späten 1. Jahrhundert nach Christus. Es wird behauptet, in keiner anderen Stadt des Imperiums mit Ausnahme von Rom selbst sei ein so großer Teil der Befestigungsanlagen erhalten wie in Köln. Und so wie man in Rom entlang der Aurelianischen Mauer fantastisch spazieren gehen kann, so ist das auch bei uns in Köln möglich: vom römischen Nordtor am Dom einmal ringsherum. Es gibt dafür sogar ein wunderbares Buch von Gerta Wolff mit einem detaillierten Wanderweg und ausführlichen Erklärungen. Ich habe mir diese Tour als Ruheständlerin schon fest vorgenommen.

Heute nun stehen wir an einem besonders markanten Punkt der antiken Mauer. Topografisch lag das antike Köln auf einer relativ ebenen Fläche. Auf der steil zum Rhein abfallenden Ostseite und im Süden in der Nähe des Südtors, der Hohen Pforte, gab es einen natürlichen Geländesprung. Hier hatte sich der Duffesbach über die Jahrtausende mit seinem Lauf eingegraben, was die Römer beim Bau ihrer Befestigungsanlagen ausgenutzt haben. Die geschwungene Straßenführung der heutigen Straße Mühlenbach folgt dem antiken Verlauf von Bach und Stadtmauer. Und Sie se-

Reste der antiken römischen Stadtmauer an der Straße »Mühlenbach«

hen hier auch die drei bis vier Meter hohe Stufe im Bodenniveau: Oben hinter den Mauerresten lag das römische Köln, unten befinden wir uns »ante portas«, vor den Toren der antiken Stadt.

Sie erkennen auch, wie die Römer ihre Stadtmauern gebaut haben: außen und innen eine Schale aus Grauwacke-Kleinquadern, 2,40 Meter stark, mit Füllmaterial, dem »opus caementitium«, dazwischen. Bis heute erfüllt das antike Stück Mauer eine bauliche Funktion. Es verhindert ein Abbrechen der Geländekante. Deshalb wurde dieser Abschnitt in früheren Jahrhunderten in Stand gehalten oder zumindest geflickt. Nur während der letzten Jahrzehnte hat die Stadt ihn verkommen lassen. Und das, obwohl das nahe gelegene Ubier-Monument von Touristen häufig besucht wird. Wenn der Mauerabschnitt am Mühlenbach nach was aussähe, würde sich der kurze Abstecher in jedem Fall lohnen.

Mit Unterstützung eines Fördervereins, der die Sanierung der römischen Stadtmauer energisch in die Hand genommen hat, konnte ein statisches Gutachten erstellt werden. Es empfiehlt die Wiedererrichtung des Mauerturms zur Stütze der Mauer. Der Ver-

ein hat Fördermittel beantragt und auch zugesagt bekommen. Die arbeitsaufwendige Sanierung wird sicher einige Jahre dauern. Doch ein gutes Ende scheint dank des bürgerschaftlichen Engagements und der sachkundigen Unterstützung durch das Römisch-Germanische Museum erreichbar.

Übrigens haben sich die römischen Festungsarchitekten beim Bau der Kölner Stadtmauer offenbar bewusst auf die Hauptstadt des Imperium Romanum bezogen. Das Anlegen von Mauern war bei den Römern ja ein quasi heiliger Akt. Der Hauptstadt ihrer Provinz Germania inferior (Niedergermanien) gestanden sie eine Mauer zu, deren Länge exakt ein Fünftel der Befestigungsanlage von Rom ausmachte. Die Archäologen vermuten, dass so das Motiv des »Kleinen Rom« Gestalt gewinnen sollte. Und so etwas hören wir Kölner auch im 21. Jahrhundert noch immer besonders gern, oder?

Inzwischen hat die Sanierung zum Glück begonnen. Die ersten Bäume sind verschwunden, und ein bestellter Gutachter prüft, was getan werden muss, um die Standsicherheit dauerhaft zu gewährleisten.

Teil 3

AUGEN AUF BEIM LIEBEN GOTT – EINE KLEINE SCHULE DES SEHENS IN KÖLNER KIRCHEN

Paradiesische Zustände

Warum Adam und Eva im Eingangsbereich des Doms gleich in doppelter Version vertreten sind

Als der Dom in den 1870er-Jahren seiner Vollendung entgegenging, war der Kölner Bildhauer Peter Fuchs (1829 bis 1898) der Mann der Figuren. Mehr als 700 hat er entworfen und von seinen Mitarbeitern schlagen lassen, für die gesamte Fassade von den Portalen unten bis ganz nach oben zu den Turmengeln ebenso wie für den Innenraum.

Fuchs ist ein typischer Vertreter des Historismus. Es ist durchaus gewollt, dass seine Skulpturen einander stark ähneln und dadurch etwas Eintöniges bekommen. Originalität war nicht so sehr das Ziel dieser Stilepoche. Handwerklich aber sind Fuchs' Arbeiten von hoher Qualität, und er verstand es auch sehr gut, zu erzählen. Besonders schön ist das im Tympanon des Hauptportals zu sehen. Unten rechts hat Fuchs die Bergpredigt dargestellt – mit den unterschiedlichsten Reaktionen der Zuhörer. Sehr einfallsreich und detailfreudig ist auch die Szene mit der Arche Noah in der zweiten Bildzeile oben links, wo Sie herrlich gearbeitete Tiere, etwa einen Pfau, sehen können.

In der Auswahl seiner Sujets und deren Ausführung war Fuchs keineswegs frei. Das Programm wurde ihm vorgegeben, jeder Entwurf von den Fachleuten der Bauverwaltung und des Domkapitels auf Unbedenklichkeit geprüft. Glauben Sie ja nicht, die Herren hätten Wichtigeres zu tun gehabt und nur so im Vorbeigehen auf die Vorzeichnungen geguckt, um sie dann flott passieren zu lassen. Weit gefehlt! An Karl des Großen zum Beispiel passte den Vertre-

Entwurfzeichnungen von Peter Fuchs für die Portalfiguren von Adam und Eva

tern Preußens nicht, dass der Kaiser ein Schmalhans war. Fuchs musste ihn breitschultriger machen, massiger, mächtiger.

Besonders heikel war das Figurenpaar Adam und Eva. Aufgestellt sind die Stammeltern der Menschheit zu beiden Seiten des Mittelportals ganz außen, neben den großen Gestalten des Alten Bundes – unter ihnen Noah, Moses oder König David – und den Vorfahren Jesu. Fuchs' erster Entwurf fand kein Gefallen: Adam und Eva zeigten viel zu viel Haut, monierten die Zensoren. Das war aber ein Problem. Im Schöpfungsbericht des Buchs Genesis im Alten Testament steht nun einmal klipp und klar, Adam und Eva seien im Paradies nackt herumgelaufen. Fuchs hatte in vorauseilendem Gehorsam gleich von vornherein entscheidende Körper-

Keusch verhüllt: die ausgeführten Skulpturen an der Außenseite der Westfassade

teile schamhaft bedeckt: Evas Haare fallen also wie punktgenau über ihre Brüste, und Zweige samt Blattwerk ranken rein zufällig über Adams Geschlecht. Trotzdem erschien das Paar den Hütern der katholischen Sittsamkeit immer noch als zu peinlich. Außerdem hielt allein Adam die Frucht vom Baum der Erkenntnis in der Hand, zu deren Genuss ihn Eva und die Schlange verführt hatten. Auch das gefiel der Domgeistlichkeit nicht: Das Corpus Delicti sollte sich bitte schön auch bei Eva finden.

Fuchs tat wie ihm geheißen. Er drückte Adam und Eva je einen eigenen Apfel in die Hand. Und obwohl sie da noch im Paradies lebten, hüllte er sie bereits in allerlei Felle. Mich amüsiert das jedes Mal, wenn ich an den beiden vorbeilaufe, weil hier Prüderie über Bibeltreue gesiegt hat. Schauen Sie auch mal auf Evas Haare! In der Endausführung sind sie deutlich züchtiger und gebändigter geraten als im ursprünglichen Entwurf. Da hatte Evas Mähne eine durchaus erotische Ausstrahlung.

Den eigentlichen Clou der Szenerie aber haben wir erst 2005/2006 entdeckt, als der Dom eine neue Innenbeleuchtung bekam. Sie sollte unter anderem die im Halbdunkel gelegenen Wandzonen besser ins Licht rücken. Zu allseitigem Erstaunen bemerkten wir, dass auf der Innenseite der Fassade auch zwei Figuren angebracht waren. Keiner, von der Geistlichkeit bis zu den Mitarbeitern der Dombauhütte, hatte sie dort je wahrgenommen. So duster war es da. Gut, ich vermute, mein Vorgänger Arnold Wolff wird die Skulpturen gekannt haben, weil er mit jedem Stein im Dom auf Du und Du stand. Wir anderen aber rätselten beim Anblick der Statuen, um wen es sich wohl handeln möchte. Und dann kamen wir darauf: noch einmal Adam und Eva, jetzt allerdings nach dem Sündenfall.

Man erkennt das nicht sofort, weil Peter Fuchs den beiden Figuren drinnen andere Gesichtszüge gegeben hat als draußen, als ob es sich um ganz andere Personen gehandelt hätte. Trotzdem ist die Identifizierung eindeutig: Auf der Nordseite steht Eva mit einer Spindel in der Hand und einem wolligen Schaf an der Seite – der Urtypus der sorgenden Hausfrau. Auch Adam hat eigene Attribute bei sich, die wir erst einmal entschlüsseln mussten: ein Ährenbündel und eine Hacke. Sie sind die Symbole für den Ackerbau als Domäne des Mannes. Nach dem Sündenfall, das ist die Botschaft, ist dem Menschen von Gott die Last der Arbeit auferlegt: »Weil du auf deine Frau gehört und von dem Baum gegessen hast, von dem zu essen ich dir verboten hatte: So ist verflucht der Ackerboden deinetwegen. Unter Mühsal wirst du von ihm essen alle Tage deines Lebens« heißt es in der Genesis; und weiter: »Dornen und Disteln lässt er dir wachsen, und die Pflanzen des Feldes musst du essen. Im Schweiße deines Angesichts sollst du dein Brot essen, bis du zurückkehrst zum Ackerboden; von ihm bist du ja genommen. Denn Staub bist du, zum Staub musst du zurück.« Bei der Bebilderung dieses Strafurteils Gottes orientiert sich Fuchs recht genau an der biblischen Vorlage. Achten Sie dann aber auch noch einmal auf die Bekleidung: Da hat sich nun nach dem Sündenfall nicht sonderlich viel verändert. Seltsam, finden Sie nicht auch?

Dass uns das Bildprogramm des Doms Adam und Eva in engster Nachbarschaft gleich doppelt vorführt, ist ja eigentlich schon verwirrend genug. Aber es kommt etwas dazu, was mich nun vollends ratlos gemacht hat: Wenn die ersten Menschen nun schon zwei Mal vertreten sind, warum denn dann draußen vor der Tür noch im Stand der Gnade, während sie drinnen, in der heiligen Halle der Kirche, befleckt sind vom Makel des Sündenfalls und der Erbschuld?

Zum Glück brauche ich über solchen Spekulationen nicht selber zu grübeln, sondern kann die Theologen auf das dünne Eis schicken. Denen muss schließlich etwas einfallen, wenn es um vor- und nachparadiesische Zustände geht. Das ist eine Frage der Ehre. So habe ich den Benediktinerpater Elmar Salmann um Rat gefragt, einen besonders klugen Vertreter seines Fachs, der 30 Jahre Professor in Rom war. – Erst hat er gestutzt, dann eine Weile nachgedacht und mir die Sache so erklärt: Peter Fuchs nimmt die Gläubigen im Dom auf den Weg der Heilsgeschichte mit. Er beginnt mit Adams und Evas Unschuld am Anfang der Schöpfung, danach geht es hinein ins Dunkel der Sünde, das Christus aber mit seinem Kreuzesopfer überwindet. Das wird in der Kirche in jeder Messe gefeiert. Der Mensch nimmt teil am Erlösungswerk Christi. Deshalb, sagt Pater Elmar, besingt der berühmte Festhymnus in der Osternacht, das Exsultet, auch die »glückliche Schuld Adams«. Glücklich, weil die Schuld durch Christus, Gottes Sohn und Erlöser, getilgt ist.

Von der Schöpfungs- zur Erlösungsordnung ... Das sind vielleicht Etappen! Bei denen muss ich mich schon gehörig anstren-

**Nach dem Sündenfall: Adam und Eva bei der Arbeit,
Fuchs' Skulpturen an der Innenseite der Westfassade**

gen, um noch mitzukommen. Aber wer hat behauptet, dass der Weg des Glaubens immer leicht und einfach sei? Ich merke mir die Sache so: Wenn ich aus dem Dom komme und zurückkehre in die Welt mit ihrem bunten Treiben, dann darf ich darauf vertrauen, dass das Beste vor mir liegt. Weil Gott noch viel Gutes mit mir vorhat.

Wie tröstlich, denke ich, und dann zwinkere ich Adam und Eva im Vorbeigehen verstohlen zu.

Das Ende der Resopal-Ästhetik

Die Glasfenster aus dem 19. Jahrhundert im Dom und ihr Wiedereinbau verdanken sich bürgerschaftlichem Engagement für die Kathedrale

Kunst im Dom ist Kunst in Bezügen: Spätere Generationen orientieren sich an ihren Vorfahren, treten deren Erbe an oder setzen sich in ein spannungsreiches Gegenüber. Am schönsten ist das bei der Farbverglasung zu sehen, die zu den epochenübergreifenden großen Schätzen des Doms gehört. Ausgangspunkt und Maß der Dinge sind die Fenster des 13. Jahrhunderts im Hochchor. In der Mitte – wie könnte es in Köln anders sein? – die Anbetung der Heiligen Drei Könige, darüber eine Art Wurzel Jesse, und daneben immer abwechselnd ein junger und ein alter König unter einem Baldachin. Darüber befinden sich deutlich blassere Ornamentbahnen, während die Farbgebung ganz oben im Maßwerk wieder intensiver wird.

Das 19. Jahrhundert wollte an diese Komposition anschließen und gab für die Obergadenfenster im Langhaus sowie im südlichen und nördlichen Querhaus bei dem Maler Michael Welter (1808 bis 1892) einen Zyklus in Auftrag. Den Namen Welter kennt heute selbst in seiner Heimatstadt Köln kaum noch jemand. Zu Lebzeiten aber war der Künstler überaus angesehen. So wurde ihm die Ehre zuteil, den Sängersaal der Wartburg in Eisenach ausmalen zu dürfen, eines nationalen Symbols von ähnlichem Rang wie der Dom.

Es gibt für einen Maler sicher Aufregenderes als insgesamt 112 stehende Figuren. Die Variationsbreite ist da naturgemäß gering. Aber Welter hat sich achtbar geschlagen, finde ich. Das Pro-

· · · · · **Ecke zwischen Nordquerhaus und Chor. Rechts die mittelalterliche Verglasung, links die »zurückgekehrten« Fenster des 19. Jahrhunderts**

gramm, vom Domkapitel bestätigt, ist recht schlicht: Im Nordquerhaus Gestalten aus dem Alten Testament, gegenüber im Süden aus dem Neuen Testament samt diverser Heiliger. Immer in der untersten Zeile jeder Fensterbahn, das ist das Kölner Prinzip, sind die Stifter mit ihren Wappen verewigt. Unter ihnen waren schon im Mittelalter Kölner Bürgerfamilien oder auch die Repräsentanten der Stadt. So ist die Verwendung des Kölner Stadtwappens zum ersten Mal unter den vier Bahnen des fünften Fensters auf der Dom-Nordseite belegt.

Ab 1860 wurden dann erneut Geldgeber gesucht – und gefunden: Zur Domweihe 1880 waren beide Querhäuser eingeglast, Welters Figurenreihen komplett. Unter den Mäzenen waren rheinische Adlige und Industrielle, aber auch – für damalige Verhältnisse etwas Besonderes – die jüdische Bankiersfamilie von Oppen-

· · · · · · · Das »Jesus-Sirach-Fenster« im Südquerhaus. Links Jesus Sirach, der Verfasser eines Buchs des Alten Testaments, rechts die für ihren Glauben gestorbenen Makkabäer-Brüder

heim. Charlotte von Oppenheim, die Witwe des Synagogenvorstehers Abraham von Oppenheim, und ihr Schwager Simon stifteten ein Fenster zur Erinnerung an ihren verstorbenen Mann und Bruder. Logisch übrigens, dass sie Motive aus dem Alten Testament wählten.

1939 erließ das NS-Reichskulturministerium den Befehl, dass alle mittelalterliche Glasmalerei in ganz Deutschland zu bergen sei. Das war ein Riesenaufwand, wurde aber mit der diesem Regime eigenen Unerbittlichkeit durchgesetzt. In diesem Fall zum Glück für die Nachwelt: Von den furchtbaren Zerstörungen des Zweiten Weltkriegs und dem Verlust unzähliger Kulturgüter ist die Glaskunst des Mittelalters nahezu vollständig verschont geblieben.

Selbstverständlich wurden die Vorgaben aus Berlin auch in Köln umgesetzt. Allerdings machten die Arbeiter nicht halt, nachdem sie die Fenster des Hochmittelalters geborgen hatten, sondern begannen auch, die Fenster aus der Renaissance sowie den Welter-Zyklus zu demontieren. Aus Zeitnot oder weil die Kunst des 19. Jahrhunderts als nicht sonderlich schutzwürdig galt, beschränkte man sich ab einem gewissen Zeitpunkt darauf, nur die

Figuren- und die Stifterteile auszubauen, nicht aber die gesamte Ornamentik. Und zur Südseite kam man dann leider nicht mehr. Die Scheiben dort hat der Luftdruck der Bomben unwiederbringlich herausgeblasen.

Nach Kriegsende konnte man mit der Neugotik nichts mehr anfangen und ließ alles in den Kisten, was noch vorhanden war. Stattdessen kamen die blassen gemusterten Scheiben in die Obergadenfenster, die mich immer an Resopal-Ästhetik erinnert haben. Das Südquerhaus, heute von Gerhard Richter gestaltet, war in einem opaken Weiß ohne jede Farbe verglast und wirkte so wie ein Spot, der im Querhaus gegenüber alle Leute blendete.

Das war die Situation, als ich mein Amt als Dombaumeisterin antrat. Als ich hörte, dass ein Teil der Welter-Fenster erhalten sei, fasste ich den Plan, sie in der originalen Abfolge, aber nicht immer an der selben Stelle wieder einzusetzen. Das Domkapitel stimmte zu, und ich hielt Ausschau nach Sponsoren. Als Erstes ging ich auf die Oppenheims zu: ob sie nicht in die Fußstapfen ihrer Ahnen treten könnten? Die Zusage kam prompt, und so war das »Salomon-Fenster« im Nordquerhaus 2005 auch das erste, das wieder im Dom eingebaut wurde. Aber auch für andere Fenster fanden sich entsprechende Gönner. Unter ihnen ist die RheinEnergie als Versorgungsunternehmen, das sich in die Tradition der Kölner Firma Felten & Guillaume gestellt und sich des von ihr gestifteten Mirjam-Fensters angenommen hat. Die Rückkehr des »Jesus-Sirach-Fensters« im Südquerhaus, direkt an das Mittelschiff angrenzend, hat die Kölner Verlegerfamilie Neven DuMont finanziert.

Mit den vorhandenen Altbeständen könnten wir weitere Teile des Südquerhauses verglasen. Ich hoffe, dass sich Menschen finden, die das mit ihren Spenden ermöglichen. Und der im Krieg zerstörte Rest ließe sich anhand von Welters erhaltenen Originalkartons rekonstruieren. – Jetzt fragen Sie sich womöglich: Warum denn dann Gerhard Richters Entwurf für das Südquerhaus? Ganz einfach: Vom Zustand des 19. Jahrhunderts waren hier nur zwei Schwarz-Weiß-Aufnahmen erhalten, völlig untauglich für eine Re-

•••••• **Das von Gerhard Richter entworfene Südquerhausfenster des Kölner Doms**

konstruktion. Das Fenster war damals eine Stiftung des deutschen Kaisers gewesen. Sämtliche Unterlagen darüber befanden sich in Berlin und verbrannten im Krieg bei den Bombenangriffen.

Im Wissen um die Rückkehr der Welter-Fenster war mir sofort klar, dass auch das Südquerhaus wieder farbig werden müsse, um seinen Nachbarn nicht die Wirkung zu nehmen. So ging ich ab 2002 auf die Suche und wurde schließlich bei Gerhard Richter fündig. Ich empfehle immer, sein Fenster mit den 11.263 Farbquadraten nicht isoliert anzuschauen, sondern als Teil eines Ensembles. Über die Farbauswahl für sein Fenster hat sich Richter wohl die meisten Gedanken gemacht, weil die Palette mit der des 19. Jahrhunderts bestmöglich harmonieren sollte. Ich habe ihm dafür Aufnahmen aller Fenster in der Umgebung geschickt. Dann hat er mit etwa 120 Farben experimentiert, hat probiert und probiert, bis er bei einer Auswahl von 72 Farben gelandet ist. Ich will Ihnen ja nichts aufschwatzen. Aber vom Ergebnis und der Stimmigkeit des großen Ganzen bin ich immer aufs Neue begeistert.

Massenware der Spätgotik, aber was für eine!

Am Agilolphus-Altar im Dom lässt sich die Kunstproduktion an der Schwelle vom Mittelalter zur Neuzeit studieren

Seit 2012 steht im Südquerhaus des Doms wieder der Altar des heiligen Agilolphus, der um 1520 entstand und für die Kirche Maria ad Gradus bestimmt war. Nach deren Abbruch 1817 kam der Altar in den Kölner Dom und fand seinen Platz für lange Zeit just an dem Ort, an den er nach einer langen Restaurierung wieder zurückgekehrt ist.

Zweimal hat man sich an ihm vergriffen: Das 19. Jahrhundert fand die farbigen Fassungen der Figuren offenbar zu grell und hat sie mit einer bräunlichen Lasur auf Rembrandt getrimmt. Der Versuch einer Konservierung des Altars mit einer Wachsschicht im 20. Jahrhundert sorgte dann dafür, dass nun wirklich jedes Staubkorn, jeder Rußpartikel, hängen blieb. Der Altar war also nicht nur so dunkel, dass man kaum mehr etwas erkennen konnte, sondern auch noch sehr unansehnlich.

In einem zweiten Anlauf sind dann zunächst die Altarflügel restauriert und anschließend in der Kreuzkapelle des Doms aufgehängt worden. Eine Probereinigung der Figuren 1991 ergab, dass die originale Fassung nicht nur erhalten war, sondern auch sehr schön ist. Das Domkapitel fasste daraufhin den mutigen Beschluss, den Altar als Ganzes wiederherzustellen. Man begann also damit, den Altaraufbau und Hunderte holzgeschnitzte Figürchen vom Firnis der Jahrhunderte zu befreien, ein unglaublich aufwendiges Unterfangen, das länger dauerte und teurer wurde als geplant.

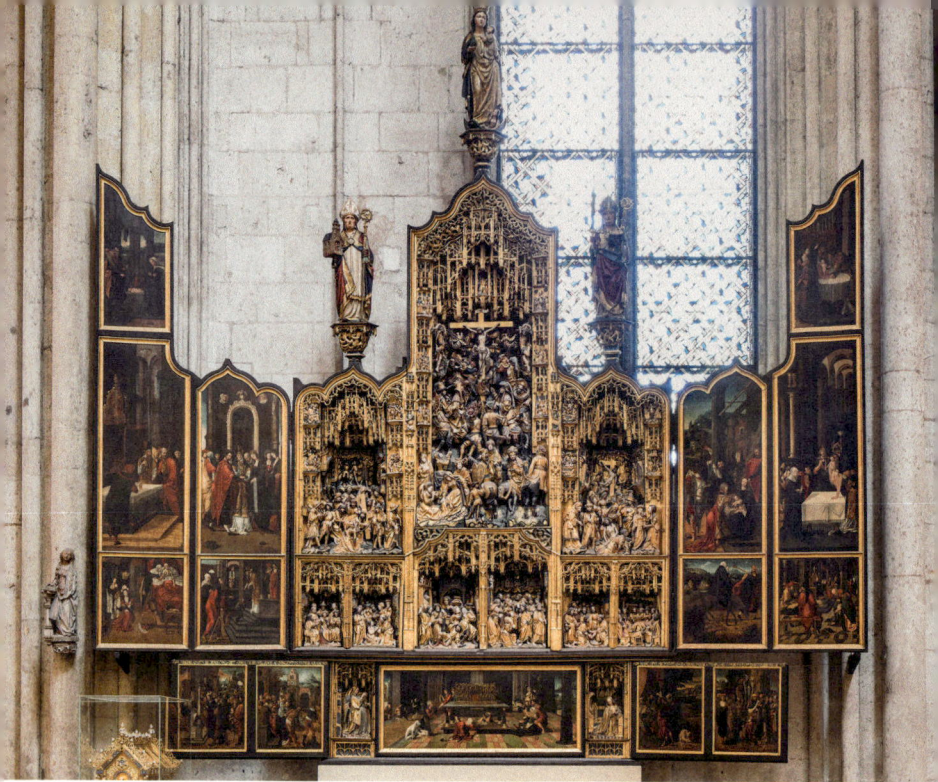

• • • • • • • **Agilolphus-Altar und Schrein nach der Restaurierung.
2017 wurden die drei restaurierten vollplastischen
Figuren von Maria, Anno und Agilolphus wieder auf
dem oberen Rand des Altars angebracht.**

Wie's halt immer ist. So geriet das Projekt aus Geldmangel ins Stocken. 2004 habe ich dann eigens Mittel in den Etat der Dombauhütte eingestellt, um Fortgang und Vollendung der Restaurierung zu sichern. Wir haben uns überdies entschieden, auch den Schrein des Agilolphus, der 1914 für die Gebeine des Heiligen geschaffen wurde, in der Nähe des Altars aufzustellen. Ich gebe zu, dieses nach-nach-historistische Werk ist kein wirkliches Juwel, nichts für die Domschatzkammer. Wir haben darum auch bewusst darauf verzichtet, ihn durch eine Lichtinszenierung eigens hervorzuheben. Aber als Teil eines Ensembles, in liturgischer Verbindung mit dem Altar, trägt der Agilolphus-Schrein dazu bei, dass das

Südquerhaus wieder ein liturgisches Zentrum hat. Einmal im Jahr wird dort auch zelebriert: am Gedenktag des Heiligen, dem 9. Juli.

Agilolphus war ein Kölner Bischof, der 746 ernannt wurde, aber nicht sehr lange amtierte. Schon 753 erwähnen die zeitgenössischen Urkunden seinen Nachfolger. Der Legende nach war Agilolphus als Unterhändler des Karolingers Karl Martell tätig und vermittelte in dessen kriegerischen Auseinandersetzungen mit dem Merowinger-König Chilperich II. In dieser diplomatischen Mission soll Agilolphus am Amstel-Fluss in Südholland von Chilperichs Soldaten erschlagen worden sein. Das kann aber nicht stimmen, weil die Eckdaten nicht zueinander passen. Aber da für die Vita von Heiligen die historische Präzision ja weniger wichtig ist als die geistliche Gewissheit, hat die Überlieferung vom Martyrium des heiligen Agilolphus bis heute Bestand.

Nun fand 1061 im belgischen Kloster Stavelot ein Hoftag statt, an dem der Kölner Erzbischof Anno II. teilnahm. Die Mönche von Malmedy luden ihn ein, er möge doch auch ihr Kloster besuchen. Und sie erzählten Anno, dass bei ihnen sein Vorgänger Agilolphus begraben liege, vormals Abt von Stavelot. Es kam zu einem typisch kölschen Gekungel: Die Mönche rückten die Gebeine des Heiligen heraus, dafür verschaffte Anno dem Kloster weitgehende Freiheiten und unterstellte es direkt dem Schutz des Erzbistums. Eine Win-win-Situation, würde ich sagen. Übrigens gehörten die Knochen, die Anno nach Köln mitbrachte, wahrscheinlich zu jemand völlig anderem als dem historischen Agilolphus. Aber auch das fällt ins weite Feld der Glaubensfreiheit – was ich hier in ganz wörtlichem Sinne meine.

Der dem Gedenken des Agilolphus geweihte Altar stammt aus Antwerpen. Die belgische Stadt war vom 15. bis hinein ins 16. Jahrhundert *das* Schnitzzentrum Europas. Die Kunsthandwerker dort hatten sich in Art von Manufakturen organisiert. Es gab sogar ein eigenes Kunstkaufhaus, wo man sich in kurzer Zeit und für mäßiges Geld eindecken konnte. So fanden Antwerpener Schnitzaltäre in ganz Europa Verbreitung: in Schweden, Polen, in Deutschland

•••••• Die figurenreichen Szenen zeigen unten von links nach rechts:
Die Erweckung des Lazarus, Vertreibung der Wechsler aus dem Tempel,
Abschied Christi von seiner Mutter, Fußwaschung

sowieso. Es gibt zum Beispiel in der Eifel etliche Altäre Antwerpener Herkunft. Ihre Besonderheit liegt darin, dass die Schnitzereien zwar Massenware waren, aber mit höchsten Ansprüchen an die handwerkliche und künstlerische Qualität. Jedes einzelne Figürchen musste von der Zunft abgenommen werden. Schlamperei wurde nicht geduldet.

Der Agilolphus-Altar ist mit 6,80 Meter Breite und 5,50 Meter Höhe nicht nur einer der größten, sondern auch eine der am besten erhaltenen Werke. Freilich bedingte die serielle Fertigung, dass den Kunden bei ihren Sonderwünschen Grenzen gesetzt waren. Auch die Kölner mussten in Kauf nehmen, dass sie einen Passionsaltar nach Schema F bekamen, mit der Leidensgeschichte Jesu im Zentrum. Die individuelle Gestaltung, in unserem Fall Szenen aus dem Leben der Heiligen Agilolphus und Anno, wurden dann auf Tafelbilder gemalt.

Die Predella, also das Bild unter dem geschnitzten Mittelschrein, zeigt das ursprüngliche Grab des Agilolphus. Es kommen Kranke, die dort Heilung finden. Durch die dargestellten Wunder glaubte man die Heiligkeit des Agilolphus belegt. Hinter diesem Bild befindet sich – heute nicht mehr sichtbar – ein zweites, und

••••• In der Szene Abschied Christi von seiner Mutter kann man
sehr gut die fantasiereichen Kostüme und Frisuren der Frauen
und die charakteristischen Männerfiguren erkennen

dahinter wiederum steht ein hölzerner Schrein mit den Gebeinen der Heiligen Fünf Mauren aus der Begleitung des heiligen Gereon. Sie gehörten als römische Soldaten zur thebäischen Legion, stammten demnach aus Nordafrika und hatten mutmaßlich schwarze Haut. Von der ist natürlich nichts erhalten.

Zum Schmunzeln ist die Darstellung der Heiligen auf dem Tafelbild, das ebenfalls aus dem 16. Jahrhundert stammt. Ganz brav liegen sie da nebeneinander unter einer roten Decke. Köln hatte ihnen einst einen speziellen Gedenktag gewidmet, und in der abgerissenen Kirche Maria ad Gradus stand zu ihren Ehren ein eigener Altar, von dem aber nur die eine Tafel erhalten ist. Sie wurde bei der Überführung in den Dom dem Agilolphus-Altar eingefügt. Ein Rest des einstigen zweiten Flügelpaares, das im 19. Jahrhundert zersägt und verkauft wurde, konnte für den Dom zurückgekauft werden. Diese Tafel steht heute in der Maternuskapelle des Doms und zeigt, etwa lebensgroß, die heiligen Bischöfe Blasius und Agilolphus.

Der Altar selbst aber ist ein Anziehungspunkt im Südquerhaus, und ich bin froh, dass dieses prachtvolle Werk heute wieder im Dom zu sehen ist.

Ein Schnappschuss vom Engel

Die Verkündigungsszene in St. Kunibert ist ein Musterbeispiel für den Realismus in der Kunst der Spätgotik

Ich bin gefragt worden, ob ich nicht auch mal in den Kölner Kirchen »auf den Punkt« kommen könnte. Da sage ich doch: mit Vergnügen! Zu Weihnachten besuchen ja viele Menschen die schönen Krippen, die überall aufgebaut sind. Ich möchte heute in St. Kunibert ein Motiv zeigen, das ebenfalls mit dem Geburtsfest Jesu zu tun hat, aber das ganze Jahr über in der Kirche zu besichtigen ist: Maria mit dem Verkündigungsengel.

Es kommt mir immer so vor, als bekäme St. Kunibert wegen der Lage am nördlichen Rand der Altstadt (die Adresse lautet Kunibertsklostergasse 2) von allen romanischen Kirchen den geringsten Ruhm und die wenigsten Besucher ab. Dabei hat sie nicht nur einen fantastischen Raum zu bieten, sondern auch eine exquisite Ausstattung, unter anderem die – nach dem Dom – größte Zahl original erhaltener mittelalterlicher Glasmalereien. Vor allem aber birgt St. Kunibert mit der Verkündigungsgruppe eines der bedeutendsten spätgotischen Kunstwerke überhaupt: am vorderen Vierungspfeiler links der Engel Gabriel, rechts Maria. Die beiden kommunizieren sozusagen über das Mittelschiff hinweg miteinander. Schon diese Trennung ist etwas ganz Besonderes. Der Betrachter wird dadurch in den Dialog zwischen dem Boten Gottes und dem Menschen Maria einbezogen.

Der Engel ist, wenn Sie genau hinschauen, exakt in dem Moment festgehalten, in dem er mit seinen goldenen Flügeln hereingeschwebt, gelandet und im Kniefall begriffen ist. Sein Gewand

Verkündigungs-
gruppe von 1439

und seine Locken zeigen diese Bewegung, die wie eingefroren wirkt. Ich finde es wunderbar, wie sich die goldenen Haare des Engels schwungvoll um seine Flügel legen. Von der Seite aus kann man das sehr gut sehen. In einem spannungsreichen Kontrast dazu steht die eher statuarische Art, wie Maria dargestellt ist. Sie steht vor einem aufwendig geschnitzten Lesepult und ist offenbar gerade aus intensiver Lektüre aufgeschreckt worden. Sie schaut hoch, hat aber eine Hand noch im Buch. Und natürlich gefällt es mir, nebenbei bemerkt, dass Maria als eine junge Frau dargestellt ist, die lesen kann und an – mutmaßlich frommer – Literatur interessiert ist.

Die ganze Szene ist eine Momentaufnahme, ein Schnappschuss Jahrhunderte vor der Erfindung der Fotografie. Dieser »Realismus« ist ein typisches Merkmal der Spätgotik, während die beiden Figuren vom Ausdruck her noch sehr viel vom »weichen« oder »schönen gotischen Stil« der Zeit um 1400 bewahren: in der Zartheit der Gesichter etwa, den sanft fallenden Gewändern. Kunsthistorisch findet sich hier eine ähnliche Zwischenstellung wie in Stefan Lochners Altargemälde der Kölner Stadtpatrone. Die Gruppe ist

Dialog zwischen dem Engel Gabriel und Maria über das Mittelschiff hinweg

auch gewiss nicht ohne Verbindung zur Kölner Dombauhütte entstanden, die damals ganz einfach die Qualitätsmaßstäbe gesetzt hat. Dort versammelten sich die besten Leute. Zum einen, weil die Dombauhütte sehr gut zahlte, zum anderen wegen des künstlerischen Anspruchs. An diesem Niveau orientierten sich alle anderen Auftraggeber, so eben auch die Kanoniker des Stifts von St. Kunibert. Ob die Verkündigungsgruppe von Dombaumeister Konrad Kuyn (1400 bis 1469), einem bedeutenden Bildhauer seiner Zeit, eigenhändig geschaffen wurde, ist unter den Fachleuten umstritten. Aber aus seinem Umkreis stammt sie mit Sicherheit.

Auf der Konsole der Marienstatue steht die Datierung auf das Jahr 1439, und der Stifter, ein Kanoniker namens Hermann von Arcka, ist betend als winzige Figur zu Füßen der Maria dargestellt. In der Darstellung des Engels und der Maria ist schon die Botschaft angelegt, dass hier gerade etwas ganz Einzigartiges geschieht. Der innige Zauber, so nenne ich es einmal, der Beziehung zwischen dem Engel und Maria soll schon auf jenes Wunder vorausweisen, das Heiligabend zur Vollendung kommt: die Geburt Jesu, die Menschwerdung Gottes. Insofern hat diese Verkündigungsgruppe ganz besonders viel mit Weihnachten zu tun.

Schöne Madonna und ein Kardinal mit Geige

Nicht nur die mittelalterlichen Deckenmalereien lohnen einen Besuch von St. Maria in Lyskirchen

Von den anderen romanischen Kirchen Kölns unterscheidet sich St. Maria in Lyskirchen am Rheinufer dadurch, dass sie im Zweiten Weltkrieg so gut wie unbeschädigt geblieben ist. So haben sich die originalen Deckenmalereien des Mittelalters erhalten, die zu Recht ein Touristenmagnet sind. Einen Besuch ist aber auch die sogenannte Schiffermadonna wert, die heute vor der Westwand unter der Treppe zur Empore aufgestellt ist.

Die überlebensgroße Figur stammt aus der Klosterkirche Walberberg bei Sechtem und wurde nach Köln verschenkt, nachdem das Kloster im 19. Jahrhundert aufgelöst worden war. Obwohl die spätgotische, um 1420 entstandene Madonna aus Holz geschnitzt ist, wurde sie außen an der Ostapsis von Maria Lyskirchen angebracht, an der dem Rhein zugewandten Seite. So konnten die Schiffer, die in der Gegend um Maria Lyskirchen wohnten, die Muttergottes vom Fluss aus sehen und ihr einen Gruß entbieten. Natürlich hat die Figur daher bis heute ihren volkstümlichen Namen, auch wenn sie schon 1930 in den Innenraum der Kirche umgesiedelt wurde.

Stilistisch gehört sie zu den »schönen Madonnen«, die um 1400 herum in ganz Europa verbreitet waren. Man spricht von der internationalen Gotik, und es gab lange die Theorie, ein einziger Meister sei kreuz und quer über den Kontinent gezogen und habe überall seine Madonnen hinterlassen. Das ist zwar Quatsch, knüpft aber an eine auffällige Gemeinsamkeit dieser Skulpturen an: ihren weiblichen Liebreiz. All diese Marien sind jugendliche, schlanke Frauen, die das Schönheitsideal ihrer Zeit verkörpern und zugleich ein Bild der Jungfräulichkeit im übertragenen Sinn sind. Zum Typus gehören der ausgestellte Fuß und der leichte Körperschwung, mit dem Maria das Kind auf ihrem Arm ausbalanciert. Jesus ist, auch das charakteristisch, ein freundliches, etwas molliges Baby, in dessen Haut sich die Finger der Mutter leicht eindrücken. Die Krone der Schiffermadonna ist ergänzt. Das Original dürfte irgendwann Diebesbeute geworden sein.

Prachtvoll ist vor allem das Gewand gearbeitet. Das kann man auch an der Madonna in Lyskirchen sehen. Die Gottesmutter trägt ein rotes Kleid. Ein weiter goldener Mantel mit einem blauen Futter hüllt sie ein. Da sie den Stoff mit den Armen nach oben zieht, bildet sich ein reicher Faltenwurf. Tiefe, muldenförmige Falten legen sich vor den Leib, und unter dem Kind fällt eine reiche Stoffkaskade nach unten. Immer wieder kommt das blaue Futter zum Vorschein. Ebenso reich geformt ist das Windeltuch des Kindes und der Kopfschleier der Madonna. Er ist weiß und blau, legt sich wie eine Hülle um den Kopf, und da er aus viel feinerem Stoff gearbeitet ist als der Mantel, fallen auch die Falten viel zarter aus. – So kann man viele Beobachtungen an dieser Marienfigur machen, wenn man sich die Zeit nimmt, sie genau zu betrachten.

Die Wandfläche hinter der Figur ist von Peter Hecker (1884 bis 1971) bemalt worden, dem christlichen Expressionisten des Rheinlands. Er war fast ausschließlich in Kirchen tätig, so auch nach dem Zweiten Weltkrieg im Dom. Als Dombaumeister Willi Weyres 1948 die Betonempore für die neue Orgel im Nordquerhaus, vorn links neben der Vierung, einziehen ließ, durfte der damals fast 70 Jahre alte Hecker die Unterseite bemalen. Besonders beliebt bei den Besuchern ist das Detail, das den damaligen Kölner Erzbischof Kardinal Josef Frings mit seiner Geige zeigt.

In Maria Lyskirchen hat Hecker bereits 1938, passend zur Schiffermadonna, Szenen der Rheinschifffahrt dargestellt mit Ausschnitten aus dem Kölner Stadtpanorama. Man sieht da also in der

• • • • **Die Schöne Madonna vor einem Fresko
mit dem Kölner Stadtpanorama**

Kirche noch einmal ihre Silhouette. Die Madonna steht vor einem rot-weiß gestreiften Segel. Und davor sind Kinder zu sehen, die der Madonna Blumen bringen, und Schiffer, die die Gottesmutter grüßen – die rührende Seite des Realismus.

Experimente mit der Moderne

Jan Thorn Prikkers Fenster in St. Georg sind abstrakte Meisterwerke – fast 100 Jahre vor Gerhard Richter

Es hat mit der wohl größten städtebaulichen Schmach im 21. Jahrhundert zu tun, dass die Kirche St. Georg den Kölnern seit einigen Jahren wieder etwas stärker ins Bewusstsein gerückt ist: dem Einsturz des Stadtarchivs ganz in der Nähe. Nach St. Georg geht man als Kunstbeflissener natürlich des Westchors wegen und auch des berühmten Kruzifix, eines 1921 gefundenen Torsos des Gekreuzigten. Das Original befindet sich heute im Museum Schnütgen, aber in der Kirche hängt eine Replik des eindrucksvollen Bildwerks aus dem 11. Jahrhundert. Just im Westchor birgt St. Georg noch einen weiteren Schatz, auf den ich Ihr Augenmerk lenken will: die Fenster von Jan Thorn Prikker.

Prikker, 1868 in Den Haag geboren, kam 1904 nach Deutschland, wo er 1932 in Köln starb. Sehr früh begann er damit, in den lieblichen floralen Formen des belgischen Jugendstils zu malen, Möbel und Textilien zu entwerfen. Thorn Prikker wurde 1904 Lehrer an der Kunstgewerbeschule in Krefeld und unterrichtete Schüler wie Helmuth Macke, Heinrich Campendonk und Wilhelm Wieger. 1910 begann er sich vom Jugendstil zu lösen. Er schloss sich der Werkbundbewegung um Ernst Karl Osthaus an, den Gründer des Museums Folkwang in Hagen (heute Essen). Thorn Prikker unternahm Studienreisen durch ganz Europa und kam nach seiner Rückkehr ins Rheinland. In Köln war er von 1926 bis zu seinem Tod an den berühmten Werkschulen tätig, aus denen die heutige Kunsthochschule für Medien hervorging.

Jan Thorn Prikkers Fenster im Westchor zeigt den Namenspatron der Kirche, den heiligen Georg

Schon 1913 hatte Thorn Prikker erste Farbverglasungen gestaltet und dabei sehr früh, um 1920, auf Gegenständlichkeit verzichtet. Damit wurde er zum Wegbereiter der abstrakten Glaskunst. Zu seinen Hauptwerken gehören nun die Fenster im Westchor von St. Georg, die 1928 bis 1931 entstanden sind. Moderne Kunst in die romanischen Kirchen zu holen ist also keineswegs erst ein Experiment unserer Tage. Schon vor 80 Jahren hat ein offenbar progressiver Pfarrer das Prinzip beherzigt, dass Kirchen lebendige Räume sind, zu deren Entwicklung jede Zeit das Ihre beiträgt. Wobei die Entscheidung für Thorn Prikker, einen im Übrigen tief religiösen Künstler, zweifellos eine mutige war.

Seine Fenster zeigen Farbspiele und -kompositionen in reinster Abstraktion. Ich mache darauf nicht zuletzt deshalb aufmerksam, weil im Zusammenhang mit dem »Richter-Fenster« im Dom ja bisweilen behauptet wurde, abstrakte Glasmalerei in christlichen Kirchen sei ein Traditionsbruch. Da hat man Thorn Prikkers Fenster ebenso ignoriert wie Arbeiten zum Beispiel von Dominikus Böhm, die allesamt bereits in der ersten Hälfte des 20. Jahrhunderts entstanden sind.

Man kann natürlich immer anfangen, in bestimmte Bildstrukturen etwas Gegenständliches hineinzuinterpretieren. Die schrägen Muster in einem der Prikker-Fenster etwa lassen sich als Himmelsleiter deuten. Der Fantasie sind ja keine Grenzen gesetzt. Aber es handelt sich dabei in keinem Fall um erkennbare Motive – anders als später bei Georg Meistermann, der bestimmt von Thorn Prikker beeinflusst war, bei dem aber in aller Abstraktion immer noch so ein Rest Gegenständlichkeit ins Bild kommt.

Was ich in den Fenstern in St. Georg besonders überzeugend und gelungen finde, ist der teils eng gesetzte Rhythmus der Bleistege. Thorn Prikker erzeugt damit eine Bewegung, die ganz plötzlich wieder gestoppt wird. Und dann natürlich die Farben, bei Glasfenstern das Wichtigste! Neben Erd- und Naturtönen gibt es leuchtendes Rot und Blau in unterschiedlichen Schattierungen. Was allein an Rotvariationen in einem einzigen Fenster vorkommt, kann man kaum glauben. Die Umgebung des Westchors bringt diese Farben erst richtig zum Leuchten. Das sollten Sie sich unbedingt an Ort und Stelle ansehen, am besten am Nachmittag eines strahlenden Wintertags.

Moschee-Elemente im romanischen Kirchenbau?

Gebrochene Bogen in der Vorhalle von St. Andreas lassen an »maurische« Architektur denken

Zu den altehrwürdigen Baudenkmälern Kölns gehört St. Andreas ganz ohne Zweifel. Bereits im 10. Jahrhundert – vielleicht sogar im 9. – hat an dieser Stelle eine Kirche gestanden. Die romanische Konstruktion aus der ersten Hälfte des 13. Jahrhunderts war dann schon der dritte Neubau. Aus dieser Zeit ist die heutige Vorhalle erhalten geblieben. Sie entstand aus dem Flügel eines Kreuzgangs, der zu einem im Westen der Kirche gelegenen Kloster gehörte. Der Westchor der Kirche stand auf diesem Flügel, der im 19. Jahrhundert stehen blieb, während die drei anderen abgerissen wurden.

Vorhallen haben den Nachteil, dass die meisten Besucher sie schnurstracks durchqueren. In St. Andreas verpassen sie da etwas ganz Besonderes, weswegen ich empfehle, kurz abzubremsen und sich umzuschauen. Sofort fallen dann die wuchtigen Bogen zwischen den einzelnen Jochen der Vorhalle ins Auge. Sie lassen sich ihrerseits als Abfolge mehrerer Minibogen beschreiben, die in kleinen Röllchen auslaufen. Dazu kommen charakteristische Doppelsäulen in dunklem Blaustein mit sehr schönen Blattkapitellen. Originell sind auch die wulstigen Dienste in den Gewölben.

Speziell die gebrochenen Bogen lösen sofort die Assoziation einer »maurischen« Architektur aus. Moschee-Einflüsse im romanischen Kirchbau – kann das sein? Man weiß aus dieser Zeit zu wenig, um solche Querverbindungen eindeutig bejahen oder verneinen zu können. Die Kreuzritter zum Beispiel kannten natürlich muslimische Bauten in Kleinasien. Nur waren das halt Soldaten,

keine Bauleute, und es ist zumindest sehr fraglich, ob sie Eindrücke von ihren Feldzügen tatsächlich zu architektonischen Versatzstücken für heimische Kirchbauten verdichtet haben. Ich bin keine Expertin für islamische Baukunst des 12. bis 13. Jahrhunderts. Aber ich vermute, hier spielt uns unsere moderne Wahrnehmung einen ästhetischen Streich. Mit Sicherheit kann man sagen, dass die scheinbar stilfremden Elemente mit ihrer Plastizität typisch für die Spätromanik im Rheinland sind, kurz bevor sich die Gotik durchsetzte.

Wenn man schon nach Verwandtschaftsbeziehungen sucht, dann muss man nach Sachsen-Anhalt gehen und sich die Doppelkapelle der Neuenburg bei Freyburg an der Unstrut ansehen: die gleiche Sorte Bogen, die gleichen Doppelsäulen aus Blaustein. Offensichtlich haben die Baumeister oder ihre Auftraggeber in Mitteldeutschland St. Andreas gekannt und wollten nun eine möglichst exakte Kopie haben. Dabei wurde sogar ein bisschen gemogelt: Die fast schwarzen Säulen in den Ecken sind nämlich gar nicht aus echtem Blaustein, sondern aus bemaltem Sandstein.

Merke, nicht nur in Köln gilt das Prinzip: »Was nicht passt, wird passend gemacht«. Könnte man glatt als Artikel 12 ins Rheinische Grundgesetz aufnehmen!

Teil des ehemaligen Kreuzgangs, heute Vorhalle von St. Andreas

Warum eine falsche Farbauswahl genau das Richtige sein kann

Über die moderne Ausmalung der Kuppel in St. Aposteln wurde heftig gestritten

Über die zeitgenössische Gestaltung der – wohlgemerkt – rekonstruierten romanischen Kirchen gibt es regelmäßig erbitterten Streit. Das eigentliche ästhetische Problem liegt in dem heute gesicherten Wissen begründet, dass die Bauten zu ihrer Entstehungszeit farbig ausgemalt waren. Im 19. Jahrhundert hat man das nicht nur akzeptiert, sondern ist bei Renovierungsarbeiten sogar darangegangen, den Originalzustand nachzuempfinden: teils durch Malereien, teils – wie in St. Aposteln – durch Mosaiken. So entstand zwar ein anderes Bild der Innenräume, aber immerhin ein farbiges. Dem Geschmack der durch das Bauhaus geschulten Architektengeneration nach dem Zweiten Weltkrieg war das zuwider, wie ja das 20. Jahrhundert überhaupt mit blanker Verachtung auf die Kunst des 19. Jahrhunderts hinunterschaute.

Wie nun mit alten, im Wandel der Zeiten und Stilepochen vielfach veränderten Kirchen umzugehen sei, ist insofern vor allem ein Kölner Problem, als es nirgends sonst eine solch große Zahl bedeutender Sakralbauten der Romanik gibt, die im Krieg schwer gelitten hatten.

Die Antworten fielen nach 1945 für die einzelnen Kirchen sehr unterschiedlich aus. In St. Kunibert wurde nur die Architekturfassung, also die Rippen und Bogen, mit Mustern bemalt, was ich sehr schön finde, weil es einen guten Eindruck von der einstigen Farbigkeit des Raums vermittelt. In St. Gereon hat man sich bei der Kuppelausmalung für ein expressives Pfingstfeuerrot und goldene

· · · · · **Szenen aus der »Offenbarung des Johannes«, hier Tonnengewölbe und Nordkonche mit dem Gekreuzigten und der apokalyptischen Frau**

Heilig-Geist-Zungen entschieden und ansonsten auf die Wirkung der Steinfarben mit ihren dominanten Helldunkelkontrasten gesetzt. Das ist übrigens alles andere als »originalgetreu«. So scheckig wie heute war die Kirche nie. Die Künstler und die Gottesdienstbesucher im Mittelalter hätten solche naturbelassenen Wände als ungeschlacht, roh empfunden und sie selbstverständlich sogleich geschlämmt.

Auch über die Gestaltung von St. Aposteln wurde nach Vollendung der Rekonstruktion debattiert. Natürlich war die Kirche vor dem Zweiten Weltkrieg ausgemalt, und natürlich gab es in der Apsis einen Pantokrator, Christus als Weltenrichter – nach alter ikonografischer Tradition. Darauf nahm die damalige Stadtkonservatorin Hiltrud Kier mit ihrem Plädoyer für zeitgenössische Malerei Bezug. Den Auftrag für die Gestaltung der Kuppel und der angren-

Vierungskuppel mit den vier Evangelistensymbolen in den Pendantivs

zenden Konchen bekam der 1929 geborene Hermann Gottfried. Das vormals, wie erwähnt, mit Mosaiken verzierte Langhaus hingegen sollte nicht mehr eigens gestaltet werden.

Gottfrieds Programm, an dem mit Sicherheit auch die Theologen und Kunstsachverständigen des Erzbistums beteiligt waren, schöpft aus der Apokalypse bzw. der Offenbarung des Johannes, wie das letzte Buch des Neuen Testaments heute in den Bibelausgaben heißt. Dazu gehören die Vision des himmlischen Thronsaals, die apokalyptische Frau oder das Lamm auf dem Berg Zion. Der thronende Christus ist Zentrum und Blickfang der Ostkonche. In den Zwickeln der Vierungskuppel sind die Symbole der vier Evangelisten dargestellt. Alles in allem sind das sehr konservative, traditionelle Sujets. Ganz im Gegensatz zum künstlerischen Stil und zur Farbigkeit: Gottfried hat ein für ihn charakteristisches Grau-Blau-Weiß gewählt, das er auch bei seinen Glasmalereien liebt. Die einzelnen Figuren sind stark abstrahiert, aber allesamt erkennbar. Was logisch ist, sonst hätte ein an biblischen Inhalten orientiertes Gestaltungskonzept ja wenig Sinn gehabt.

Gottfrieds Werk aus den Jahren 1988 bis 1993 löste sofort eine dieser immer gleichen Kontroversen aus. Die einen fanden die Ausmalung ganz furchtbar. Die anderen argumentierten, sie müsse sein, sonst hätte man ja einen bloßen Rohbau vor sich. Dass diese Variante keineswegs ein Unding ist, zeigt Groß St. Martin. Dort hat man auf jede Fassung des Innenraums verzichtet. Mich befremdet das. Denn so hat diese Kirche, so hat keine romanische Kirche jemals ausgesehen. Viele Deutsche lieben die Romanik ja vor allem dafür, dass sie so wunderbar »pur« ist. Nichts dagegen. Aber völlig falsch. Gerade die Romanik liebte Farben, starke Farben. Zum Beispiel kommt die heutige Gestaltung des Limburger Doms dem Geschmack der Entstehungszeit sehr nahe. Die Puristen mit ihrem Verkitschungsvorwurf hingegen erliegen regelmäßig einer anachronistischen Projektion.

Insofern spiegelt St. Aposteln den bleibenden intellektuellen Zwist, wie mit der Bausubstanz künstlerisch umzugehen sei, und macht sichtbar, dass dieser Konflikt wohl nie zur allseitigen Zufriedenheit gelöst werden kann. Denn selbst wenn man mit der Ausmalung an sich auf der historisch richtigen Fährte gewesen ist, mag man die konkret gewählte Form für einen Irrweg halten. – Ich erinnere mich, dass ich als Studentin die Malereien in St. Aposteln ganz schrecklich fand. Gemessen an den vorhandenen Vorlagen, ist der vom Künstler gewählte Farbkanon eben komplett falsch. Das kann nun damit zu tun haben, dass man Gottfried-Stil bekommen hat, weil man einen Gottfried wollte – eben im Wissen darum, wie er arbeitet. Es ist aber auch möglich, dass Auftraggeber und Künstler von vornherein dem Verdacht bloßer Nachahmung oder gar eines Täuschungsversuchs entgegenwirken wollten. Es käme sicher kein Betrachter je auf den Gedanken, bei Gottfrieds Malereien könnte es sich um Kunst des Mittelalters handeln. Und das, würde ich heute mit Klaus Wowereit sagen, ist auch gut so.

Comic aus der Stauferzeit

Ein Bodenmosaik in der Krypta von St. Gereon erzählt die Geschichte des biblischen Helden Samson

Die Kuppel und das Dekagon von St. Gereon gehören zum Markantesten, was das historische Stadtbild Kölns zu bieten hat. Eigentlich bräuchte ich Sie also gar nicht auf die Kirche hinzuweisen. Trotzdem ist Ihnen dort vielleicht etwas entgangen, was sozusagen an entgegengesetzter Stelle zu suchen ist: unten in der Hallenkrypta, und dort auch noch einmal auf dem tiefsten Punkt, dem Fußboden nämlich. Hierhin wurde um das Jahr 1870 ein großes, etwa 1150 entstandenes Mosaik mit Szenen aus dem Leben des alttestamentlichen Helden Samson verlegt, das sich ursprünglich im Hochchor befunden hatte.

Die Figur aus dem Buch der Richter ist das jüdisch-christliche Pendant zu Herkules, dem schon von Kindheit an mit übernatürlichen Kräften ausgestatteten antiken Heroen. Samsons Stärke stammt aus seinen Haaren, weshalb seiner Mutter verkündet worden war, sie dürfe dem Knaben auf keinen Fall die Haare schneiden. Ähnlich wie die griechische Herkules-Sage weiß auch die Bibel von allerhand Großtaten ihres Helden zu berichten. Samsons Hauptfeinde sind die Philister, mit denen er ständig im Clinch liegt. Dennoch nimmt er sich eine junge Philisterin zur Braut. Schon auf der Hochzeitsfeier kommt es zu Streitigkeiten mit ihrem Gefolge, und seine Frau schlägt sich auf die Seite ihres Volkes, was Samson ziemlich wütend macht. Selbst schuld! Andauernd nämlich bringt seine Schwäche für das schöne Geschlecht Samson in die Bredouille. Das beginnt schon, als er sich mit seinen Eltern

Samson zerreißt den Löwen mit bloßen Händen

zur Brautwerbung aufmacht. Unterwegs begegnet er einem Löwen. Dummerweise ist er völlig unbewaffnet. Trotzdem stürzt sich Samson auf den Löwen und tötet ihn, indem er ihn mit bloßen Händen zerreißt, wie es im Buch der Richter heißt. Diese Geschichte ist die erste, die im Samson-Mosaik von St. Gereon dargestellt ist: Samson mit seinen wallenden langen Haaren sitzt auf dem Löwen und reißt ihm Ober- und Unterkiefer auseinander.

Die nächste Episode handelt von Samsons Besuch bei einer Dirne in Gaza, wo ihn die Philister zu fangen versuchen. Sie umstellen das Haus und verriegeln die Stadttore in der sicheren Hoffnung, dass sie Samson so erwischen. Aber nichts da: Samson hebt die Tore einfach aus den Angeln und trägt sie auf einen Berg. Das ist das zweite Bild des Mosaiks.

Die dritte Szene handelt dann von den Folgen seiner Liebe zu Dalila, über deren Charakter es sehr unterschiedliche Urteile gibt.

Samson trägt die Stadttore von Gaza fort

Dalila beraubt Samson seiner Kräfte

Ob sie nun eine aufopferungsvolle Patriotin war, die half, den gefährlichsten Feind ihres Volkes zur Strecke zu bringen, oder ob sie schnöden Verrat an ihrem Mann beging, darüber kann man in der Tat lange streiten. Faktisch stellt sich das Geschehen so dar: Als Samson eines Tages nach dem Liebesspiel ermattet eingeschlafen ist, lässt Dalila ihm die Haare abschneiden. So schildert es die Bibel. In den meisten künstlerischen Umsetzungen greift Dalila selbst zur Schere. Ohne Haare seiner Riesenkräfte beraubt, ist Samson leichte Beute für die Soldaten der Philister, die ihn fesseln und ihm die Augen ausstechen. Danach muss er in einer Mühle Sklavenarbeit verrichten. Aus lauter Stolz führen die Philister den entmachteten Feind als blinden Tölpel auf ihren Festen vor. Was sie aber übersehen haben: Mit der Zeit sind Samsons Haare nachgewachsen. Als er nun wieder einmal bei einem Gelage der Philister gedemütigt werden soll, greift er im Festsaal nach den nächstgelegenen Säulen und bringt den ganzen Bau zum Einsturz. Auch das ist im Mosaik zu sehen. Von den herabfallenden Steinen werden nun die Philister ebenso erschlagen wie Samson selbst. Heute würde man ihn vermutlich einen Selbstmordattentäter nennen.

Mosaiken, die aus kleinsten Steinen zusammengepuzzelte Bilder ergeben, waren zur Römerzeit in Villen und öffentlichen Gebäuden anzutreffen, im Mittelalter dann auch häufig in Kirchen. Leider sind sehr viele davon verloren. Darum ist St. Gereon eine umso erfreulichere Ausnahme. Die romanischen Künstler geben selbst Details wie den Bortenschmuck an Samsons Kittel oder die Beschläge der Türen anschaulich wieder. Ein fein ornamentierter Rand umgibt jedes einzelne Bildfeld.

Das Mosaik wurde zwar im 19. Jahrhundert – an den Farbabweichungen erkennbar – stark restauriert. Trotzdem ist es noch immer ein wunderbares Beispiel für die Erzählkunst der Romanik, ein Comic aus der Stauferzeit. Ein bisschen naiv, nicht so fein wie antike römische Mosaiken oder zeitgenössische Buchmalereien, dennoch ungeheuer eindrucksvoll.

Der heilige Josef mit der Flönz

Die Holztüren des Frühmittelalters in
St. Maria im Kapitol erzählen die Kindheitsgeschichte
Jesu mit ungewöhnlichen Details

St. Maria im Kapitol ist als die erste Drei-Konchen-Kirche schon architektonisch eine Sensation. So bindet der Raum die Aufmerksamkeit seiner Besucher, was einzig den Nachteil haben kann, dass sie buchstäblich nicht mehr ums Eck gehen. Man muss sich beim Hereinkommen zweimal nach rechts wenden, um zum wohl wertvollsten Stück der Kirche zu gelangen: der doppelflügeligen Holztür, die einst die Nordkonche verschloss. Mit ihren 26 Relieftafeln gehört sie zu den ganz wenigen erhaltenen frühmittelalterlichen Exemplaren der Gattung Bildtüren und braucht den Vergleich mit den Meisterwerken von S. Ambrogio in Mailand und der spätantiken Tür von S. Sabina in Rom nicht zu scheuen. Man darf annehmen, dass Erzbischof Hermann II. (1036 bis 1056) und seine Schwester Ida, die Bauherren der Kirche, auf einer Italienreise die berühmten Vorbilder gesehen haben und so etwas auch für Köln haben wollten.

Das Portal entstand etwa zeitgleich mit dem Kirchbau, der um 1040 begonnen worden war. Sehr exakt wissen die Experten zu sagen, dass die Eichen für die Bohlen der fast fünf Meter hohen Türflügel 1039 gefällt wurden. Die profilierten Stäbe mit den stark plastischen runden Knäufen sowie die Reliefplatten sind aus Nussbaumholz. Die Tür wurde erst in den 1930er-Jahren in den Innenraum geholt, und es ist fast ein Wunder, dass beim wechselnden Geschmack der Jahrhunderte nie jemand der Ansicht war, der alte

..... **Der Kleeblattchor von St. Maria im Kapitol, gesehen von Nordosten**

Plunder gehöre jetzt mal weggeworfen. Meistens ist »alt« in der Kirche ja gleichbedeutend mit »würdig« und »erhaltenswert«, aber halt nicht immer. Romanische Türen aus Metall wären bestimmt irgendwann eingeschmolzen worden. Die hölzernen hätten immerhin noch zum Verfeuern getaugt. Ich mag's mir gar nicht vorstellen! Aber ein bisschen Gruseln ist auch in einer Kirche erlaubt.

Auf dem linken Flügel sind Episoden aus der Kindheitsgeschichte Jesu zu sehen, auf dem anderen Passion und Auferstehung. Die Figuren waren einst leuchtend bunt bemalt, wovon noch Reste vorhanden sind. Stilistisch sind sie mit Werken der rheinischen Buchmalerei und Elfenbeinschnitzerei verwandt. Für die ottonische Kunst charakteristisch ist die ausgeprägte, lebendige, ja fast dramatische Bewegung der Figuren. Körperhaltung und Gestik tragen die der Szenen.

**Szenen aus der Geburtsgeschichte Christi:
Verkündigung an die Hirten, das heilige Paar
mit dem Jesuskind in der Krippe**

An der Weihnachtsdarstellung möchte ich Ihnen das zeigen. Sie sehen die Hirten auf dem Feld, denen der Engel des Herrn »eine große Freude« verkündet: »Heute ist euch der Heiland geboren.« Die Reaktion? Erschreckt weichen die Hirten zurück, ihre Körper sind bis zur Verrenkung nach hinten gebogen. Das Bildfeld daneben zeigt das Jesuskind in der Krippe mit Maria und Josef, Ochs und Esel. Wie man das so kennt. Aber achten Sie auf Josef: Er schlummert. Mal wieder. Der Arme kommt in der Kunst immer als Schlafmütze weg. Dabei ist seine Müdigkeit verständlich. An ihm blieb schließlich die ganze Arbeit hängen. Der Weg nach Bethlehem war beschwerlich, die Herbergssuche mühsam. Und obendrein noch die Geburt – eine aufregende Angelegenheit, auch für Väter.

Die Theologen würden sagen, Josefs Schlafen versinnbildlicht die Offenheit für Gott, der seine Botschaften im Traum übermit-

••••• Flucht der heiligen Familie nach Ägypten.
An seinem Wanderstab hat der heilige Josef Proviant
befestigt – Brotkringel oder die erste Flönz?

telt. Das stimmt schon, aber ich persönlich kann mit der handfesten Deutung mehr anfangen.

Apropos handfest: In der Szene mit der Flucht der heiligen Familie nach Ägypten hat Josef über seinen Wanderstab ein paar Kringel gestreift. Proviant, nehme ich an, Brote vielleicht – oder auch das erste Exemplar einer rheinischen Flönz.

Wenn Sie sich die übrigen Bildtafeln genauer ansehen, werden Sie Ungewohntes entdecken. Auf einer etwa ist zu sehen, wie Abgesandte des Königs Herodes einen Schriftgelehrten befragen, wo der neugeborene König der Juden zu finden sei. Die Bibel erzählt zwar davon, aber im traditionellen Bildkanon der Weihnachtsgeschichte kommt dieses Detail eher selten vor. Offenbar war die Motivfolge im 11. Jahrhundert noch nicht so eindeutig fixiert.

Vom rechten Türflügel möchte ich Sie auf die Himmelfahrt Christi hinweisen, die ausnahmsweise in zwei Tafeln übereinander dargestellt ist, was die Vertikale betont und damit natürlich perfekt zum Bildinhalt passt. Die nach oben gereckten Hände der Apostel sind wieder ein ganz starkes erzählerisches Moment.

Sie sollten sich wirklich Zeit nehmen, um solche Details auf sich wirken lassen zu können, und das am besten vormittags. Dann steht die Sonne günstig. Im Streiflicht von der Seite kommen die Reliefs besonders gut zur Geltung.

Störend ist bloß das schmiedeeiserne Gitter aus der Barockzeit. Für sich genommen mag es ja schön sein. Aber als Schutz für die Türen halte ich es nicht für optimal, weil man die Nase schier durch die Pflanzenranken pressen muss, um einen einigermaßen ungehinderten Blick auf die Bildtafeln zu bekommen. Das, finde ich, ist des Guten zu viel. Es wäre doch eine Idee, das Gitter an anderer Stelle zu präsentieren und vor die Türen eine Platte aus Glas oder Acryl zu setzen. Wünsche sind ja nicht verboten, und manchmal gehen sie sogar in Erfüllung.

Georg Meistermann unterläuft die Strategie »farbenfrei«

Der Glasfensterzyklus in St. Marien Kalk ist einer der größten und schönsten seiner Zeit

Jeder in Köln kennt den Dom und den »Kranz romanischer Kirchen«. Wer sich für Sakralarchitektur interessiert, stößt in der Stadt aber auch auf weitere Juwelen, und das oft an unvermuteter Stelle außerhalb des Zentrums. Ein Beispiel ist St. Marien in Köln-Kalk. Leider ist die Kirche häufig geschlossen, weil die Gemeinde Angst vor Vandalismus hat und weil Betern die benachbarte »Kalker Kapelle« Zur schmerzhaften Muttergottes als Andachtsraum offen steht. Da wünschte ich mir, es gäbe Freiwillige, die in der Kirche zumindest zeitweilig die Aufsicht übernehmen könnten.

Der Bau ist ursprünglich neugotisch. Vincenz Statz hat ihn in den 1860er-Jahren errichtet. Am Ende des Zweiten Weltkriegs standen nur noch die Außenmauern. Während man sich im Fall der zerstörten romanischen Kirchen für eine möglichst originalgetreue Rekonstruktion eingesetzt hatte, wurde mit der Neugotik anders umgegangen. Man verachtete diesen Stil damals als minderwertigen Kitsch. Deshalb durfte der berühmte Rudolf Schwarz 1950/52 seinen kühnen Innenraumentwurf verwirklichen: Extrem schlanke Vierkantpfeiler tragen ein Rippen-Zeltdach, in dem sie – sehr modern – einfach verschwinden. Aus den Pfeilern wachsen – wie Blüten am Stängel lampen mit tütenförmigen Schirmen heraus.

Wie immer stellte sich Schwarz auch den Innenraum von St. Marien schneeweiß vor. Hoch konzentriert sollte er sein, möglichst frei von jeglicher Ausstattung. Nur war diese Architekten-

Ästhetik so gar nicht nach dem Geschmack der Gemeinden. Die hatten dabei ganz andere Assoziationen. Wenn ich das Wort »Turnhalle« in den Mund nehme, mache ich mir bestimmt sofort alle Schwarz-Jünger zu Feinden. Auf jeden Fall wünschten sich die Leute etwas Farbe in ihren Kirchen. Bis heute lässt sich in Schwarz-Kirchen beobachten, wie beflissene und berufene Geister mit Bergen von Grünlilien gegen das Einheitsweiß ankämpfen.

Es gab aber auch noch andere Weiß-Verächter: die zeitgenössischen Künstler, die um ihre Auftragslage fürchteten. So kam es, dass sich in St. Marien Georg Meistermann 1965 ans Werk machen und auf einer Gesamtfläche von 205 Quadratmetern einen der größten und schönsten Fensterzyklen seiner Zeit schaffen durfte.

Meistermann, geboren 1911 in Solingen, war von den 1950er-Jahren an bis zu seinem Tod 1990 sicher der bedeutendste Glasmaler in Deutschland. Weltweit ist er mit mehr als 1000 Arbeiten vertreten. Auch in Köln hat er sich vielerorts verewigt, zum Beispiel in der Halle des WDR-Funkhauses, im Spanischen Bau des Rathauses, in St. Kolumba, St. Gereon und kurz vor seinem Tod in der Kapelle des Maternushauses. Hier in St. Marien Kalk lässt sich sehr gut die Schaffensphase der 1960er-Jahre studieren: auf dem Weg zur Abstraktion, aber noch mit figürlichen Relikten. Charakteristisch für ihn sind die dynamischen Strukturen, die er in die Fenster legt. Er ordnet die Verbleiung gleichsam in Strömen an, die bei ihrem Lauf über die Fensterfläche hier und da bestimmte Bildmotive freigeben und umspielen. Das hatte in den 1950er-Jahren etwas ungeheuer Innovatives. Meistermann hatte, im Gegensatz zu manchen seiner Kollegen heute, noch einen Sinn dafür, dass Glasfenster von intensiver Farbigkeit leben, nicht von der – bald hätte ich »Monotonie« gesagt – Monochromie. Rudolf Schwarz allerdings war von Meistermanns Zyklus überhaupt nicht begeistert. Er sah seine Farbenfrei-Strategie unterlaufen und empfand den Kirchenraum jetzt als viel zu dunkel.

Dargestellt ist – passend zum Patronat der Kirche – das Leben Mariens samt ihrer einzigartigen Rolle in der Heilsgeschichte

**Innenraum von St. Marien in Kalk mit Fenstern
von Georg Meistermann**

von der Empfängnis bis zur Himmelfahrt. Sie tritt einerseits als menschliche Figur in Erscheinung, andererseits ist sie repräsentiert durch ihre ikonografischen Symbole: Maria ist mystische Rose oder Turm Davids. Die beiden Fenster neben dem Turm im rückwärtigen Teil der Kirche zeigen die Erzengel Michael und Raphael. In der Eingangshalle hat Meistermann die griechischen Buchstaben Alpha und Omega als Symbole für Fülle wie für Ewigkeit gestaltet. Heute, im Abstand eines halben Jahrhunderts, würde ich sagen: Gerade im Dialog von Glasmalerei und Architektur, im Schulterschluss von Meistermann und Schwarz, liegt der besondere Reiz der Kirche St. Marien, wo zwei Künstler des 20. Jahrhunderts mit je ihren Mitteln auf die Neugotik reagiert haben. Eine spannende Begegnung.

Editorische Notiz

Kurz bevor Barbara Schock-Werner 2012 als Dombaumeisterin in den Ruhestand ging, zog sie in einem großen Interview mit dem »Kölner Stadt-Anzeiger« Bilanz. Wieder einmal war ich beeindruckt von jener Verbindung aus Kompetenz und Klarheit, durch die sich Schock-Werners öffentliche Auftritte in den mehr als 13 Jahren ihrer Tätigkeit stets ausgezeichnet hatten. Sie wich keinen Fußbreit von ihrer Begeisterung für Gerhard Richters Fenster im Südquerhaus des Doms ab, das sich wesentlich ihrem Einsatz verdankt: »Ich hatte spontan die Idee, Gerhard Richter wegen eines Entwurfs zu fragen«, erzählte sie. Und weiter: »Dann folgten fünf Jahre harter Arbeit: Material, Befestigung, Farbauswahl, Farbverteilung. Das Fenster ist ja exakt für diesen Platz komponiert, und nur da gehört es hin. Das sage ich dann immer den Doofen, die manchmal noch kommen und meinen, das sei doch gar keine Kunst: mal eben den Computer anwerfen und fertig ist das Fenster. Von wegen! Nach vielen Jahren intensiver Suche haben wir eine grandiose künstlerische Lösung gefunden.«

Starke Worte einer starken Frau und ausgesprochen im Wissen, dass das Fenster – bisweilen scherzhaft als »Schock-Richter-Fenster« bezeichnet – im emeritierten Erzbischof, Kardinal Joachim Meisner, seinen prominentesten und wortgewaltigsten Kritiker hat.

Aber bekannt, redegewandt – und beliebt: Das ist Schock-Werner selbst auch. Von Anfang an hatte das sicher etwas damit zu tun, dass sie in acht Jahrhunderten Dombaugeschichte die erste Frau an der Spitze der berühmten Dombauhütte war. Dafür interessierten sich nationale und sogar internationale Medien, denen Schock-Werner freimütig ihre Sympathie für den Feminismus und zugleich die Loyalität zu ihrer Kirche erklärte. Sie outete sich als »Emma«-Abonnentin der ersten Stunde, bekannte sich zu ihrer Funktion als Rollenmodell für Frauen – und speziell für Katholikinnen – in Führungspositionen.

Barbara Schock-Werner war und ist bis heute das weibliche Gesicht, die weibliche Stimme des Kölner Doms geworden. Dass wir ihr im »Kölner Stadt-Anzeiger« weiterhin Gehör verschaffen sollten, war mir klar, als unsere Leserinnen und Leser einen Gesprächsabend im studio dumont mit »Schock-Werners schönsten Geschichten vom Dom« regelrecht stürmten. Auch die Wiederholung dieses Abends, Teil der von Chefkorrespondent Joachim Frank moderierten Talkreihe »frank&frei«, war völlig überlaufen. Schock-Werner – das ist ein Stück Kult in der Kölner Kirchen- und Kulturszene.

Wir konnten sie für eine monatliche Kolumne gewinnen, in der sie alles aufgreift, was ihr an Schönem wie Hässlichem, an Lobenswertem und Kritikbedürftigem im Stadtbild sowie in Stadtplanung und -entwicklung auffällt. Auch dazu hatte sie sich schon in ihrer aktiven Zeit als Dombaumeisterin gewohnt deutlich geäußert. Die Umgebung des Doms zum Beispiel sehe »auf gut Schwäbisch aus wie d' Sau«. Solche Worte müssen den Verantwortlichen der Stadtverwaltung regelmäßig in den Ohren geklungen haben.

Das sollte nun mit Schock-Werners Eintritt in den Ruhestand keineswegs vorüber sein.

Für die Zeitung entwickelte Joachim Frank mit Barbara Schock-Werner die »Köln-Visiten« unter dem Titel »Auf den Punkt«. Die Spezialität dieser Serie: Schock-Werner erklärt ihrem Koautor an Ort und Stelle die Besonderheiten von Kölner Gebäuden, Plätzen, Straßen und anderen Lokalitäten. Stellvertretend für die Leser führt Joachim Frank darüber eine Art Protokoll, das die Zeitung dann als Schock-Werners Beitrag in Ichform veröffentlicht.

Auf Anhieb war die neue Reihe ein großer Erfolg. Fast zu jeder Folge erreicht uns eine Fülle von Reaktionen und Zuschriften. Auch optisch sind die Beiträge, dank der Fotos von Csaba Peter Rakoczy, von vorzüglicher Qualität. Die Reihe ist inzwischen mehrfach ausgezeichnet worden. 2014 erhielten die Autoren den »Deutschen Lokaljournalistenpreis« der Konrad-Adenauer-Stiftung in der Kategorie »Stadtreport«. 2019 wurde ihnen der Deutsche Preis für Denkmalschutz verliehen.

Ich freue mich, dass der DuMont Buchverlag die bisher erschienenen Folgen als Buch vorlegt. Ich glaube, als Kompendium bietet es echten Mehrwert. Es ist ein Wegbegleiter in die Stadt Köln, wie es ihn bisher noch nicht gegeben hat. Für das Buch haben die Autoren eigens Originaltexte zum Dom und zu den romanischen Kirchen erstellt. Auch sie bieten, was stets Barbara Schock-Werners erklärtes Ziel ist: ein Aha-Erlebnis.

Peter Pauls
Chefredakteur des »Kölner Stadt-Anzeiger«
von 2009 bis 2016